北响堂石窟加固保护
工程报告

河北省古代建筑保护研究所　编著

赵仓群　主编

科学出版社

北京

内 容 简 介

北响堂石窟是继云冈、龙门石窟之后，开凿的规模较大的石窟，系北朝晚期重要的石窟群，为中外学者所瞩目。1961 年，国务院公布其为第一批全国重点文物保护单位。

2002 年 6 月至 2005 年 6 月，河北省古代建筑保护研究所对石窟实施了加固保护工程。本报告即是对这次工程情况的总结介绍，报告中简要介绍了响堂山石窟的概况及其研究保护、勘察设计的情况，重点介绍了工程的实施情况，同时，结合石窟这一特殊类型文物建筑，对文物保护理念进行了探讨。

本书适合古建筑、文物、考古等专业领域的工作者以及高等院校相关专业的师生参考、阅读。

图书在版编目（CIP）数据

北响堂石窟加固保护工程报告 / 河北省古代建筑保护研究所编著；赵仓群主编. —北京：科学出版社，2009
 ISBN 978-7-03-026326-1

Ⅰ. 北… Ⅱ. ①河…②赵… Ⅲ. 响堂山石窟 – 加固 – 研究报告
Ⅳ. K879.29

中国版本图书馆 CIP 数据核字（2009）第 243645 号

责任编辑：孙 莉 曹明明 吴书雷 / 责任校对：陈丽珠
责任印制：赵德静 / 封面设计：张 放

科学出版社 出版
北京东黄城根北街 16 号
邮政编码：100717
http://www.sciencep.com

中国科学院印刷厂 印刷

科学出版社发行 各地新华书店经销

*

2010 年 1 月第 一 版　　开本：889×1194　1/16
2010 年 1 月第一次印刷　　印张：9 3/4　插页：32
印数：1—1 600　　字数：245 000

定价：180.00 元
（如有印装质量问题，我社负责调换〈科印〉）

《北响堂石窟加固保护工程报告》编辑委员会

主　任　张立方　谢　飞

编　委　刘智敏　张文瑞　李宏杰　郭瑞海　王　兴
　　　　刘东光　张宏禄　次立新　田　林　刘国宾
　　　　朱新文　孙荣芬　赵仓群　檀平川　陈　虎
　　　　宋金来　张林堂　林秀珍　刘清波　张长占
　　　　郭建永　李拥军

序

《北响堂石窟加固保护工程报告》是建国以来河北省实施的众多文物建筑保护工程中的第一部工程报告，该书的问世可以被看做我们开始弥补河北这一学科存在明显不足的信号。

如同考古发掘工作与考古发掘报告的关系一样，工程报告和文物建筑保护工程是一有机的整体，工程报告不面世，保护工程亦未终结。饭吃了，要消化；事做了，要思考；文物建筑保护工程完成了，更需要消化、思考。因此，工程报告是对文物建筑保护工程的科学总结，其深远意义在于如实记述该文物建筑保护工程从勘察、评估、设计、组织、实施、管理、验收的整个认识和实践过程，检查是否运用了当代文物保护的原则和理念来指导实践并贯穿于工作实际中；是否在处置某一点、某一项具体实践中运用得当，并得到升华，最大限度地保留并突出文物建筑的历史、艺术和科学价值。无疑，文物建筑保护工程报告又是文物建筑保护学科的科学研究成果。

最近十多年来，河北省古代建筑保护研究所聚集了一批年轻有为的专业人才，在实际工作中，他们得到了较为全面的锻炼，初步造就了一支文武兼备、以中青年为骨干的专业队伍。近几年来，文物建筑的科学研究得到各级文物部门领导和专家们的普遍关注，工程报告的编写是其中的重要内容之一。对此，河北省古代建筑保护研究所极为重视，并采取得力措施，相继出版了一批有影响的科研成果，《北响堂石窟加固保护工程报告》便是其中之一。同时，不少中青年专家在工作之余，仍然埋头书案，奋笔疾书，多项重要科研成果将喷薄而出，这正是我们所期盼的。

石窟寺是文物建筑中极其重要、甚为特殊的一类。其依山崖开凿，又是佛教寺庙建筑的一种。石窟寺虽然不是中华民族所固有的文化，但是自随同佛教传入中国，经过一千多年的接纳、融合和创新，便形成了自己的独特风格。就此而言，宿白先生将我国石窟寺分为四大分区七种类型，各区石窟寺的考古分期研究也取得了丰硕成果。这些科学创造充分体现出中华民族海纳百川、包融进取的伟大胸怀和文化品质。

北响堂石窟是河北邯郸响堂山石窟的重要组成部分，系北齐皇室贵胄所开凿，以典型的塔形窟和大批刻经而著称，代表了中国北方同一时期宗教艺术的最高成就。但是，作为宗教艺术之瑰宝，首先遭到的是外国人的破坏和掠夺，相关资料载："早在二十世纪最初的十年中，响堂山石窟既已遭到有计划的盗凿破坏，北齐时代的造像杰作多已支离破碎，体无完肤，南北响堂主要佛像头部保存完好者仅存两尊。更有甚者，南响堂阿弥陀、力士二洞造像竟已扫地俱尽，窟已然徒具四壁、空空如也，至少百尊以上的响堂山造像精品已经流散异邦。"同时，多年来的自然的和人为的破坏，已经危及这一文化艺术宝库的生存环境乃至生命，响堂山石窟的加固保护工作亟待进行。这次北响堂石窟加固保护工程就是抢救这一文化遗产的必要措施。

该工程由河北古代建筑保护研究所赵仓群先生主持，于2002年6月开工，2005年6月顺利竣工，历时整整3年。该工程的质量得到国家文物局组织的工程验收专家组的认可，更令人欣慰的是工程资料也得到专家们的赞许，并要求尽快编写出版工程报告。

今年3月，郭瑞海所长请我看一下赵仓群先生编著的《北响堂石窟加固保护工程报告》，尽管专业不熟，我还是同意了。读后感觉该报告较为科学严谨，结构合理，文理清晰，插图照片选择得当，并建议尽快出版。前天，郭所长又嘱我为之作序，自知自不量力，也斗胆应承下来。

在我看来，该工程是遵循科学研究课题的方式运作的。在工程进程中，既注重运用传统的砌石加固技术及清理疏导排水技术，也采用了多学科的保护技术，将地质学、物理学、化学、材料学等研究成果应用到文物建筑保护领域。如锚杆加固、轻钢结构保护棚、环氧树脂注浆、粘接加固项目等。

由于工程设计与施工由同一单位承担，施工中如发现设计方案与实际情况不相符时，通过现场分析研究，当即就可提出更加合理的保护措施，从而使文物保护原则切实落实到实际工作中；另外，对于施工过程中新发现的文物遗迹，便于及时采取措施，妥善保护。因此，整个工程在能够做到最大限度地保存文物建筑原状的前提下，合理解决文物建筑的稳定性问题，能尽最大可能地保存文物建筑的真实性和沧桑感。

对于加建的刻经洞保护棚，采取了"有若无，实若虚"的理念，既淡化了外观，又能起到保护作用，同时保存了清代维修刻经洞的历史信息。

总之，作为一项重大科研成果，《北响堂石窟加固保护工程报告》一书的出版，无论如何是件大好事，其所反映的深层次问题是锻炼了队伍，造就了人才。作为河北一名文物老兵，我为河北省古代建筑保护研究所取得的越来越多的成就而高兴，为河北拥有正在茁壮成长、前途远大的一批年轻文物建筑保护学科专家而自豪。

谢 飞

2009年3月18日

目　　录

序 ·· 谢　飞（i）

引言 ·· （1）

第一章　石窟调查研究 ··· （3）

第一节　峰峰矿区概况 ··· （3）
一、自然地理概况 ··· （3）
二、历史沿革 ·· （3）

第二节　响堂山石窟概况 ·· （4）
一、响堂山石窟遗存情况 ··· （4）
二、响堂山石窟历代营造情况 ··· （10）
三、近代研究概况 ·· （11）
四、近代保护概况 ·· （14）

第三节　北响堂石窟现状调查 ·· （15）
一、北响堂石窟始建情况 ··· （15）
二、石窟的形制与现状 ··· （16）
三、地质构造 ··· （20）
四、病害类型及其原因 ··· （21）
五、价值评估 ··· （24）
六、现状评估 ··· （28）

第二章　加固保护工程设计方案 ·· （30）

第一节　设计依据与保护原则 ·· （30）
一、方案设计依据 ·· （30）
二、加固保护原则 ·· （30）

第二节　保护工程设计方案的主要内容 ···························· （31）
一、危岩体锚杆锚固 ·· （31）
二、不稳定岩块清除 ·· （37）
三、破碎岩体的粘结加固 ··· （37）
四、治水工程 ··· （37）

五、7窟外部保护设计 ……………………………………………………………………（38）

　　六、窟区环境治理 …………………………………………………………………………（41）

第三章　设计内容变更与研究 ……………………………………………………………（42）

第一节　变更原因及研究 ……………………………………………………………………（42）

第二节　变更内容 ……………………………………………………………………………（45）

　　一、6窟补充内容 …………………………………………………………………………（45）

　　二、7窟调整内容 …………………………………………………………………………（47）

第四章　加固保护工程施工技术 …………………………………………………………（49）

第一节　危岩体锚杆加固 ……………………………………………………………………（49）

　　一、锚杆试验 ………………………………………………………………………………（49）

　　二、设计内容校核 …………………………………………………………………………（50）

　　三、锚杆实施总体情况 ……………………………………………………………………（52）

　　四、锚杆实施部位 …………………………………………………………………………（53）

第二节　锚杆锚固工程实施 …………………………………………………………………（56）

　　一、测量放线 ………………………………………………………………………………（56）

　　二、相关裂隙封堵 …………………………………………………………………………（57）

　　三、成孔施工 ………………………………………………………………………………（58）

　　四、锚杆制作、安装 ………………………………………………………………………（59）

　　五、浆液制作 ………………………………………………………………………………（59）

　　六、锚孔及裂隙注浆 ………………………………………………………………………（59）

　　七、封孔及作旧 ……………………………………………………………………………（59）

第三节　锚钉加固 ……………………………………………………………………………（60）

第四节　不稳定岩块清除 ……………………………………………………………………（62）

第五节　破碎岩体化学加固 …………………………………………………………………（65）

　　一、环氧树脂实验 …………………………………………………………………………（66）

　　二、注浆加固 ………………………………………………………………………………（67）

　　三、粘接加固 ………………………………………………………………………………（68）

第六节　砌补加固 ……………………………………………………………………………（69）

第七节　治水工程 ……………………………………………………………………………（71）

　　一、导水槽导水 ……………………………………………………………………………（71）

　　二、窟外原排水系统清理利用 ……………………………………………………………（72）

　　三、6窟增高、7窟新砌挡水墙 ……………………………………………………………（72）

四、3~4窟间及7窟裂隙砌补 …………………………………………………… (73)

　　五、3、6窟地面修补 ……………………………………………………………… (73)

　　六、6窟墙面修补 ………………………………………………………………… (74)

第八节　7窟（刻经洞）外部保护 …………………………………………………… (74)

　　一、前廊石券、顶部的保护维修 ………………………………………………… (74)

　　二、轻钢结构保护棚 ……………………………………………………………… (76)

第九节　窟区环境治理 ………………………………………………………………… (77)

　　一、降低围墙及围墙外岩体处理 ………………………………………………… (77)

　　二、院落及平台地面重新铺墁 …………………………………………………… (77)

第五章　新发现文物遗迹 ……………………………………………………………… (79)

　第一节　3窟 …………………………………………………………………………… (79)

　　一、前廊完整小佛像和中心柱南瘗穴 …………………………………………… (79)

　　二、立面瓦陇、覆钵、塔刹 ……………………………………………………… (80)

　第二节　6窟 …………………………………………………………………………… (80)

　　一、覆钵、狮形间柱须弥座刹座 ………………………………………………… (80)

　　二、砌石立面柱洞、梁洞、椽洞、"栱头" …………………………………… (81)

　　三、6窟前廊地面花饰 …………………………………………………………… (81)

　第三节　7窟窟檐 ……………………………………………………………………… (81)

　第四节　各窟原排水系统 ……………………………………………………………… (82)

第六章　施工组织与管理 ……………………………………………………………… (83)

　第一节　施工组织 ……………………………………………………………………… (83)

　　一、工程特点 ……………………………………………………………………… (83)

　　二、项目组织机构 ………………………………………………………………… (84)

　　三、施工段划分 …………………………………………………………………… (84)

　第二节　现场管理、控制措施 ………………………………………………………… (84)

　　一、施工质量控制措施 …………………………………………………………… (84)

　　二、安全生产、文明施工保证措施 ……………………………………………… (85)

　　三、文物保护、防护措施 ………………………………………………………… (85)

　　四、进度控制 ……………………………………………………………………… (86)

第七章　工程总结与建议 ……………………………………………………………… (87)

　第一节　文物保护理念、原则的贯彻、执行 ………………………………………… (87)

　　一、尽可能减少干预 ……………………………………………………………… (87)

二、正确理解"不改变文物原状"原则 …………………………………………………… (87)

三、正确把握审美标准、注意整体协调性 …………………………………………… (88)

四、按照保护要求使用保护技术 ……………………………………………………… (88)

五、对文物价值和历史信息的认识 …………………………………………………… (89)

第二节 综合性的保护工程 …………………………………………………………………… (90)

第三节 工程建议 ……………………………………………………………………………… (90)

第八章 工程验收情况 ……………………………………………………………………………… (92)

参考文献 …………………………………………………………………………………………… (93)

附录一 工程批文 ………………………………………………………………………………… (95)

附录二 锚杆拉拔试验报告 ……………………………………………………………………… (96)

附录三 工程大事记 ……………………………………………………………………………… (102)

附录四 河北响堂山石窟竣工验收会议纪要 …………………………………………………… (105)

附录五 6、7窟加固保护设计补充调整项目过程记录表 …………………………………… (107)

附录六 北响堂石窟加固保护工程锚杆设计、变更、施工对比统计表 ……………………… (108)

附录七 6窟立面砌石补充锚杆统计表 ………………………………………………………… (113)

附录八 北响堂石窟加固保护工程锚钉统计表 ………………………………………………… (114)

附录九 工程材料、试块检验报告 ……………………………………………………………… (116)

附图 ………………………………………………………………………………………………… (118′)

后记 ………………………………………………………………………………………………… (135)

附 图 目 录

附图 1　北响堂石窟竣工平、立面图 ··· (118′)

附图 2　2窟、6窟内锚杆分布及锚杆做法详图 ··· (119)

附图 3　3窟平面图 ·· (120)

附图 4　3窟立面图 ·· (121)

附图 5　3窟剖面图 ·· (122)

附图 6　3窟"瘗穴"详图 ·· (122)

附图 7　3窟立面加固图 ·· (123)

附图 8　3窟导水槽构造图 ·· (124)

附图 9　6窟平面图 ·· (125)

附图 10　6窟外壁上部须弥座（塔刹座）平面图 ··· (126)

附图 11　6窟立面图 ·· (127)

附图 12　6窟剖面图 ·· (128)

附图 13　6窟构件详图、典型墙地修补图 ··· (129)

附图 14　6窟补充锚杆、砌石加固、树脂锚钉立面位置示意图 ···················· (130)

附图 15　北响堂石窟区围墙剖面图及7窟一层平面图 ································ (131)

附图 16　7窟正立面图 ·· (132)

附图 17　7窟剖面图 ·· (133)

附图 18　7窟前廊混凝土顶板结构图 ·· (134)

图 版 目 录

图版1　北响堂石窟加固保护工程实施前西面远景

图版2　北响堂石窟加固保护工程实施后西面远景

图版3　1、2窟加固保护工程实施前近景

图版4　1、2窟加固保护工程实施中近景

图版5　1窟加固保护工程实施后近景

图版6　2窟加固保护工程实施后近景

图版7　3窟加固保护工程实施前近景

图版8　3窟加固保护工程实施中近景

图版9　3窟加固保护工程实施后近景

图版10　4窟加固保护工程实施前近景

图版11　4窟加固保护工程实施后近景

图版12　5窟加固保护工程实施前近景

图版13　5窟加固保护工程实施中近景

图版14　5窟加固保护工程实施后近景

图版15　6窟加固保护工程实施前近景（主体立面）

图版16　6窟加固保护工程实施中近景（1）（主体立面）

图版17　6窟加固保护工程实施中（2）（6~7窟间）

图版18　6窟加固保护工程实施后近景（主体立面）

图版19　7窟加固保护工程实施前近景

图版20　7窟加固保护工程实施中近景（保护棚、挡水沟）

图版21　7窟加固保护工程实施中近景（锚杆加固）

图版22　7窟加固保护工程实施后近景（北壁）

图版23　7窟加固保护工程实施后近景（东壁）

图版24　环氧树脂腻缝、注浆实验

图版25　3窟外立面环氧树脂粘接

图版26　3窟外立面片状岩体加固前

图版27　3窟外立面片状岩体注浆粘接加固后

图版 28　3 窟外立面片状岩体注浆加固后再锚钉加固
图版 29　4 窟外立面裂隙环氧树脂注浆实施中
图版 30　6 窟外立面覆钵部分破碎岩体粘接前（裂隙已清理）
图版 31　6 窟外立面覆钵部分破碎岩体吊装粘接
图版 32　6 窟外立面覆钵部分破碎岩体粘接中
图版 33　6 窟外立面覆钵部分破碎岩体粘接后（北侧）
图版 34　6 窟外立面覆钵部分破碎岩体粘接后（南侧）
图版 35　6 窟内北侧莲柱腻缝、注浆完成后
图版 36　6 窟内南第 2 莲柱座化学加固前
图版 37　6 窟内南第 2 莲柱座化学加固后
图版 38　3 窟立面顶部破碎岩体砌补前
图版 39　3 窟立面顶部破碎岩体砌补中
图版 40　3 窟立面顶部破碎岩体砌补完成后
图版 41　3 窟瓦陇砌补、粘接前（未清理）
图版 42　3 窟瓦陇杂草、裂隙土清理后
图版 43　3 窟瓦陇砌补、粘接后
图版 44　6 窟立面塔刹砌补加固前
图版 45　6 窟立面塔刹砌补加固后
图版 46　6 窟立面北端砌补加固前
图版 47　6 窟立面北端砌补加固后
图版 48　6 窟立面南端砌补加固前
图版 49　6 窟立面南端砌补加固后
图版 50　6 窟立面顶部砌补加固前
图版 51　6 窟立面顶部砌补加固后
图版 52　6 窟立面砌补加固完成后（覆钵以上部分）
图版 53　6 窟立面砌补加固后南视（由北向南）
图版 54　6 窟立面砌补加固后北视（由南向北）
图版 55　7 窟东南角砌补加固前
图版 56　7 窟东南角砌补加固后
图版 57　7 窟东南角砌补加固俯视
图版 58　3 窟回廊西北角地面修补前存水情况
图版 59　3 窟回廊西北角地面修补中

图版60　3窟回廊西北角地面修补后

图版61　3窟南回廊地面修补后

图版62　6窟回廊地面裂隙导水试验

图版63　6窟回廊地面裂隙修补后

图版64　3窟前回廊顶导水槽放线（裂隙已封堵）

图版65　3窟前回廊顶环氧树脂导水线

图版66　3窟前回廊顶导水槽安装后

图版67　5窟顶裂隙清理后渗水试验

图版68　5窟顶裂隙清理后水泥砂浆封堵并黄土作旧

图版69　5窟顶原排水槽清理使用

图版70　3窟顶原排水系统清理使用

图版71　6窟原排水系统清理使用（1）

图版72　6窟原排水系统清理使用（2）

图版73　6窟原排水系统清理使用（3）

图版74　7窟新砌排水沟（1）

图版75　7窟新砌排水沟（2）

图版76　3窟佛台修补前

图版77　3窟佛台修补后

图版78　4窟佛龛修补前

图版79　4窟佛龛修补后

图版80　6窟后回廊东壁修补前

图版81　6窟后回廊东壁修补中

图版82　6窟后回廊东壁修补后

图版83　6窟后回廊南壁修补前

图版84　6窟后回廊南壁修补后

图版85　3~4窟间大裂隙修补前

图版86　3~4窟间大裂隙修补后

图版87　7窟北壁大裂隙修补前

图版88　7窟北壁大裂隙修补后

图版89　锚杆试验现场

图版90　1~2窟锚杆加固现场

图版91　3窟锚杆加固现场

图版92　4~6窟锚杆加固现场

图版93　6窟立面锚杆加固现场

图版94　6~7窟间锚杆加固现场

图版95　7窟间锚杆加固现场

图版96　Ⅰ型锚杆放线后人工扩200mm×200mm方孔

图版97　锚杆成孔前铁皮导水槽

图版98　Ⅰ型锚杆封孔前

图版99　Ⅱ型锚杆封孔前

图版100　Ⅰ型锚杆封孔作旧后（1）

图版101　Ⅰ型锚杆封孔作旧后（2）

图版102　Ⅱ型锚杆封孔作旧后

图版103　6~7窟间危岩锚杆加固前

图版104　6~7窟间危岩锚杆加固后

图版105　3窟危岩清除时石碑防护（1）

图版106　3窟危岩清除时石碑防护（2）

图版107　6窟危岩清除时石窟大门入口防护

图版108　6窟危岩清除时6窟窟顶山坡架板板墙防护

图版109　4~6窟危岩清除时山坡安全网防护

图版110　4~6窟危岩清除辅助脚手架

图版111　危岩清除时运输倾倒岩块三角支架

图版112　大块危岩清除后

图版113　岩块清除前先铁丝捆绑

图版114　被铁丝捆绑岩块清除后

图版115　部分岩块砌筑情况

图版116　4窟上典型岩块清除后

图版117　6~7窟间典型岩块清除前

图版118　6~7窟间典型岩块清除后

图版119　4~6窟间部分岩块清除运至地面情况

图版120　4~6窟间部分岩块清除后

图版121　原围墙上部拆除中（1）

图版122　原围墙上部拆除中（2）

图版123　围墙墙帽砌筑中

图版 124	院落地面重新铺墁	
图版 125	6窟平台地面重新铺墁前	
图版 126	6窟平台地面重新铺墁后	
图版 127	7窟平台地面重新铺墁前	
图版 128	7窟平台地面重新铺墁后	
图版 129	7窟前廊顶原状（1）——木梁支顶	
图版 130	7窟前廊顶原状（2）——石梁支顶	
图版 131	7窟前廊顶原状（3）——破碎危岩	
图版 132	7窟前廊顶拆除前支顶刻经草垫防护	
图版 133	7窟前廊顶拆除中	
图版 134	7窟前廊顶拆除中（木梁叠压刻经岩壁）	
图版 135	7窟前廊顶拆除中（石梁叠压刻经岩壁）	
图版 136	7窟前廊顶混凝土顶钢筋捆扎	
图版 137	7窟前廊顶混凝土顶浇筑	
图版 138	7窟前廊顶混凝土顶浇筑后养护	
图版 139	7窟前廊顶片状石板铺墁	
图版 140	7窟前廊顶石板滴水檐	
图版 141	7窟前廊顶底面	
图版 142	7窟前廊顶片状石板铺墁后	
图版 143	7窟前廊顶底面及裂隙封堵后	
图版 144	7窟南侧裂隙封堵、地面石板补墁、导水	
图版 145	7窟北壁屋架支座成孔	
图版 146	7窟北壁屋架支座植筋	
图版 147	7窟北壁屋架制作、安装	
图版 148	7窟北壁屋架完成后正视	
图版 149	7窟西南角钢管柱地锚植筋	
图版 150	7窟西南角钢管柱连接加固	
图版 151	7窟西南角钢管柱连接加固后	
图版 152	7窟东壁部分彩钢板上做混凝土与岩体连接	
图版 153	7窟东壁保护棚内部钢构	
图版 154	7窟东壁保护棚喷漆	
图版 155	7窟东壁保护棚完成后立面	
图版 156	7窟东壁保护棚完成后西北侧立面	

图版157　3窟前廊顶较完整小佛像

图版158　3窟中心柱顶（南回廊北壁）"瘗穴"

图版159　3窟外立面大塔塔刹

图版160　3窟外立面大塔塔刹局部

图版161　3窟外立面瓦陇

图版162　6窟立面狮形刹座、塔刹、莲柱、椽洞

图版163　6窟立面狮形刹座

图版164　6窟立面莲柱大样

图版165　6窟立面栱形构件

图版166　6窟前廊地面莲花（后回填保护）

图版167　7窟廊顶屋顶（瓦陇、椽、脊）

图版168　7窟屋顶较完整勾头

图版169　7窟屋顶较完整滴水

图版170　2002年8月27日国家文物局文物处处长许言、国家文物局信息咨询中心总工王立平检查指导工程

图版171　2002年10月22日河北省文物局组织进行维修工程年度检查

图版172　2003年9月10日国家文物局古建专家组成员吕舟、兰立志到现场检查指导工作

图版173　2003年9月10日国家文物局古建专家组成员吕舟、兰立志检查指导工作合影

图版174　2004年6月23日河北省文物局副局长谢飞检查指导工作

图版175　2004年8月9日国家文物局专家组成员兰立志受河北省古建所邀请到现场指导6窟加固保护工程

图版176　2005年4月15日河北省古建所所长张立方、刘智敏，峰峰矿区文保所所长张林堂检查指导7窟加固保护工程

图版177　2006年9月3日国家文物局验收专家组合影

图版178　国家文物局验收组专家在验收现场

图版179　验收工作会议会场之一

图版180　验收工作会议会场之二

图版181　北响堂石窟全景（历史照片）

图版182　北响堂石窟3窟（北洞）外景（历史照片）

图版183　北响堂石窟6窟（中洞）外景（历史照片）

说明：图版1~图版180为施工过程中收集整理；图版181~图版183（历史照片）节选自张林堂、孙迪：《响堂山石窟——流失海外石刻造像研究》，外文出版社，2004年。

引　言

北响堂石窟位于河北省邯郸市峰峰矿区和村镇东 2km 鼓山上，石窟开凿于鼓山西侧寒武系鲕状灰岩的悬崖峭壁中，海拔 506m，是响堂山石窟的重要组成部分（图 0-1）。响堂山石窟包括南响堂石窟、北响堂石窟和水浴寺石窟三处，是继云冈、龙门石窟之后开凿的规模较大的石窟，系北朝晚期重要的石窟群。其在石窟艺术及佛教史研究等方面的重要地位，为中外学者所瞩目。1961 年，国务院公布为第一批全国重点文物保护单位。

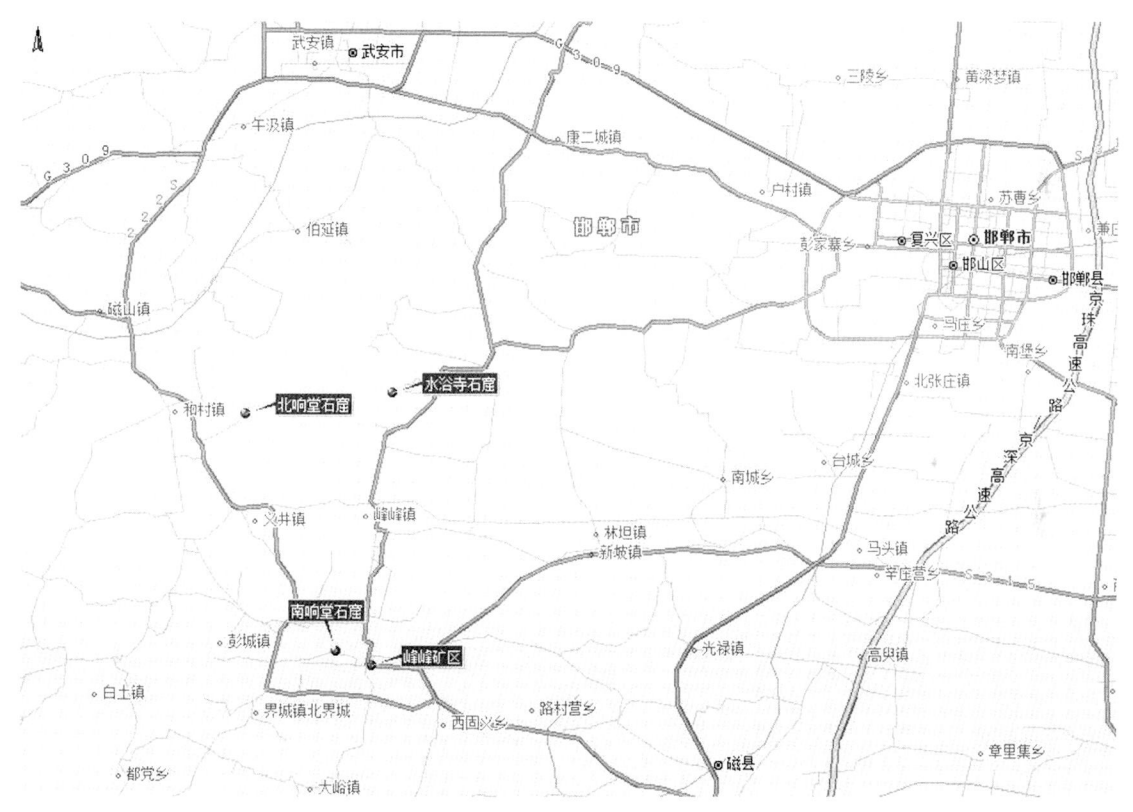

图 0-1　响堂山石窟地理位置图

（资料来源：中国电子地图截图）

北响堂石窟现存编号洞窟 7 座，佛龛若干。由于自然原因和人为破坏，岩体卸荷裂隙与构造裂隙、风化裂隙相互交切，形成危岩体。又受风化作用的影响，在外力或重力的作用下，破碎较严重，渗水、风化也是主要病害之一。1992 年，河北省古代建筑保护研究所和峰峰矿区文物保管所委托中国科学院地质研究所对北响堂石窟的病害进行调查，中国科学院地质研究所提交了《河北邯郸北响堂寺石窟的地质环境》、《河北邯郸北响堂寺石窟稳定性分析及工程处理建议》、《北响堂3号窟三维弹性有限元应力分析和稳定性初步评价》三份报告。1996年6月，河北省古代建筑保护研究所和中国文物研究所合作，对北响堂石窟进行了勘察测绘，并根据以上病害调查报告，制定了北响堂石窟加固设计方案。

2000年11月，河北省古代建筑保护研究所在以往工作的基础上，对北响堂石窟进行了深入研究和补充勘测，重新制订了加固保护设计方案；2001年3月，对方案中锚杆设计部分进行细化设计，同年6月该方案得到国家文物局的批复。

受河北省文物局委派，河北省古代建筑保护研究所承担了北响堂石窟加固保护工程的施工。接到工程任务后，所领导高度重视，积极组织，认真筹划，2002年6月，工程正式开工。2003年9月，河北省古代建筑保护研究所根据工程实施情况、对6窟立面覆钵以上部分进行补充调查、对7窟保护方案进行了调整。2004年1月，将补充、调整方案上报国家文物局，同年10月，该方案得到国家文物局的批复。

在国家文物局、河北省文物局的重视和指导下，在峰峰矿区文物保管所的协调配合下，保护工程于2005年6月全面竣工。

2006年9月，国家文物局组织专家组进行技术验收，专家们在现场认真检查了保护工程内容，听取了保护工程汇报，并经过审阅竣工资料，形成验收意见，认为"该工程……达到了维修加固工程的预期目标……技术措施合理得当。施工中注重科学试验，数据完整、翔实，并对新发现的遗迹能够及时采取措施妥善保护，施工技术资料及各类档案详细齐全，竣工资料完整、规范……该项保护维修工程符合验收标准，同意验收，并提议将其列为优良工程"。

第一章 石窟调查研究

第一节 峰峰矿区概况[①]

一、自然地理概况

峰峰矿区位于河北省南部，邯郸市西南隅，太行山东麓，处于东经114°3′~114°16′与北纬36°20′~36°34′之间，地处晋、冀、豫三省交界地带，其北距北京约500km，全区南北长22.2km，东西宽18km，全区总面积353km²。北与武安县接壤，东、西、南和磁县毗邻。

峰峰矿区辖9个镇、148个行政村、68个社区。全区总人口50.2万人，其中城市人口30万人。这里矿产资源丰富，种类繁多，是全国著名的煤炭基地之一，也是闻名于世的磁州窑元代以后的烧制中心。

峰峰矿区地处太行山与华北平原的过渡地带，境内有鼓山纵贯南北。鼓山为太行山的支脉，北起武安市的粟山，南至矿区临水镇，全长21km，宽5km，鼓山以西为和村与武安构造断陷盆地组成的浅侵蚀—堆积地形，鼓山以东为坡积—洪积之山前斜地，逐渐过渡进入华北平原，最高海拔891m，最低海拔107m。鼓山南端隔滏阳河与老怀山对峙，中间夹谷古称"滏口陉"，为著名的太行八陉之第四陉。出滏口为一望无际的华北平原，入滏口为太行山区。因其地理位置险要，历来为兵家必争之地。

全区气候属暖温带半干燥半湿润大陆性季风气候，冬寒夏热，四季分明。年平均气温13.9℃，平均最高气温达38.5℃，平均最低气温达-11.2℃，日绝对最高气温为41.9℃，最低-15.7℃。降雨多集中在夏季，强度大，雨量多，年平均降雨量579.7mm，夏季盛行偏南风，冬季盛行偏北风。年平均日照2550h，历年无霜期平均202d。灾害性天气主要有旱涝、暴雨、冰雹、大风、干热风、霜冻等。

二、历史沿革

该区建于1950年，由武安、磁县、邯郸县划出一部分村镇组成。邯郸市是人类最早活动地区之一，距今7500年的磁山文化即发现在武安市磁山镇，磁山镇与北响堂石窟相距5km，说明早在原始社会时期，这里便开始有人类居住。

[①] 峰峰矿区地方志编纂委员会：《峰峰志》，新华出版社，1996年。

夏时，峰峰矿区为冀州之域。商初，属殷地。商末，属商纣的王畿之地。西周时属卫国。春秋时期，本地区大部分地域属赵。秦时设邯郸郡，峰峰矿区属之。汉代，峰峰矿区鼓山以东为魏郡之邺县，鼓山以西为武安县。三国置临水县，隶广平郡。两晋因之。北魏入邺县，后复置临水县后属之，改属成安郡。

北齐时临水县移治松谷。北周时临水县移治涉城（今涉县），后从临水县析出滏阳县，属成安郡。隋、唐时根据州、县名称不同，先后属慈州临水县、魏郡相州临水县和滏阳县、慈州滏阳和临水县、相州滏阳县、慈州滏阳县和昭义县等。

宋属慈州昭德县、慈州滏阳县、磁州滏阳县。元初因之，元末滏阳县和磁县俱废。明初复置磁州，属广平府。后改属河南彰德府。清初因之，清雍正时磁州改属直隶广平府至清末。

民国时期，改磁州为磁县，时南部属磁县，北部属武安县。

1949年8月1日河北省人民政府成立，8月20日随磁县划归河北省邯郸专署领导。峰峰矿区于1950年6月正式成立，由邯郸专署直接领导。1952年6月峰峰矿区归河北省直属领导。1955年2月，峰峰矿区改建成峰峰市，直属河北省。1956年10月后峰峰市撤销，改为邯郸市峰峰矿区至今。

第二节 响堂山石窟概况

一、响堂山石窟（图1-1）遗存情况

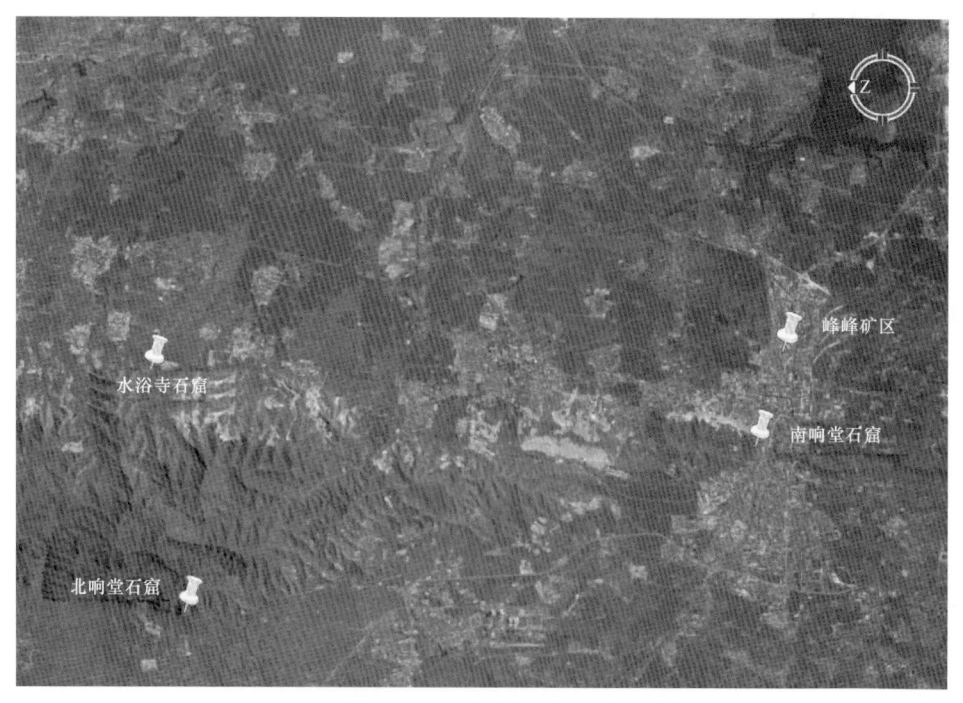

图1-1 响堂山石窟及周边环境卫星影像图

(资料来源：Google Earth)

公元550年，高洋在邺都（今河北临漳县西南邺镇、三台村以东一带）建立北齐政权，同时把高氏发祥地晋阳（今山西太原西南晋源镇）定为陪都，峰峰矿区滏口陉成为北齐王朝往来两都的必经之道。北齐皇室信奉佛教，不惜物力开窟建寺，现称为响堂山石窟的南响堂石窟、北响堂石窟和水浴寺石窟三处石窟就是这一时期始凿的，后经隋、唐、宋、明续凿，历经千年风雨沧桑，主要遗存情况如下。

1. 南响堂石窟② （图1-2）

图1-2 南响堂石窟及周边环境卫星影像图

（资料来源：Google Earth）

位于临水镇纸坊村西北，鼓山南麓，滏阳河北岸。依山而凿，其三面环山，共凿有北齐洞窟7个和唐代摩崖造像，始凿于北齐天统元年（公元565年）③。

据中华民国五十七年影印版《磁县县志》"古迹"记载："响堂寺在县西四十里，鼓山南端，北齐天统间建，殿宇宏敞，层楼耸翠，门前有塔七级，高入云霄，凡有穴处，击之铿然有声，故名。""响堂晚钟"（图1-3）为磁县八景之一，《磁县县志》又载"响堂寺，鼓山南麓，

---

② 《响堂山石窟》（http://www.hudong.com/wiki/）；峰峰矿区地方志编纂委员会：《峰峰志》，新华出版社，1996年。

③ 南响堂石窟2窟外《滏山窟之碑》记载："齐国天统元年乙酉之岁（公元565年），斩此石山，兴建图庙，时有国大丞相淮阴王高阿那肱翼帝出京，憩驾于此，因观草创，遂发大心，广舍珍爱之财，开此滏山之窟，至若灵像千躯"。

石洞深邃，殿宇雄壮，磬欬拂袖，铿然有声，故取名为响堂。洞内佛像及隋代石刻颇多，精美绝伦，几疑为鬼斧神工，晚夜鸣钟群山响应，余音幽越，耐人听闻。"从这些记载也可以看出响堂寺当时的繁盛景况。

响堂寺（图1-4）包括石窟区（图1-5）和佛寺区两部分，现存佛寺区建筑遗存主要有天王殿、四方佛殿、大殿、东西配殿、后楼、砖塔、僧房等建筑，山上建有靠山阁，现存建筑系明清时所建。石窟分上下两层排列，上层5座，编号3～7窟，下层2座，编号1～2窟，自下而上为华严洞、般若洞、空洞、阿弥陀洞、释迦洞、力士洞和千佛洞。

1窟，名华严洞，位于下层南端，内刻《大方广佛华严经》，故称华严洞。为中心方柱塔庙窟，高4.9m，宽6.2m，深6.35m。分为前廊、后室，前廊后壁为四柱三间，四柱头出小柱，承托斗栱，上托仿木结构窟檐，明间正中辟圆拱形窟门通向后室，后室正中设方柱，柱后壁与山体相连，下为低矮通道。

图1-3 响堂晚钟

（资料来源：《磁县县志》）

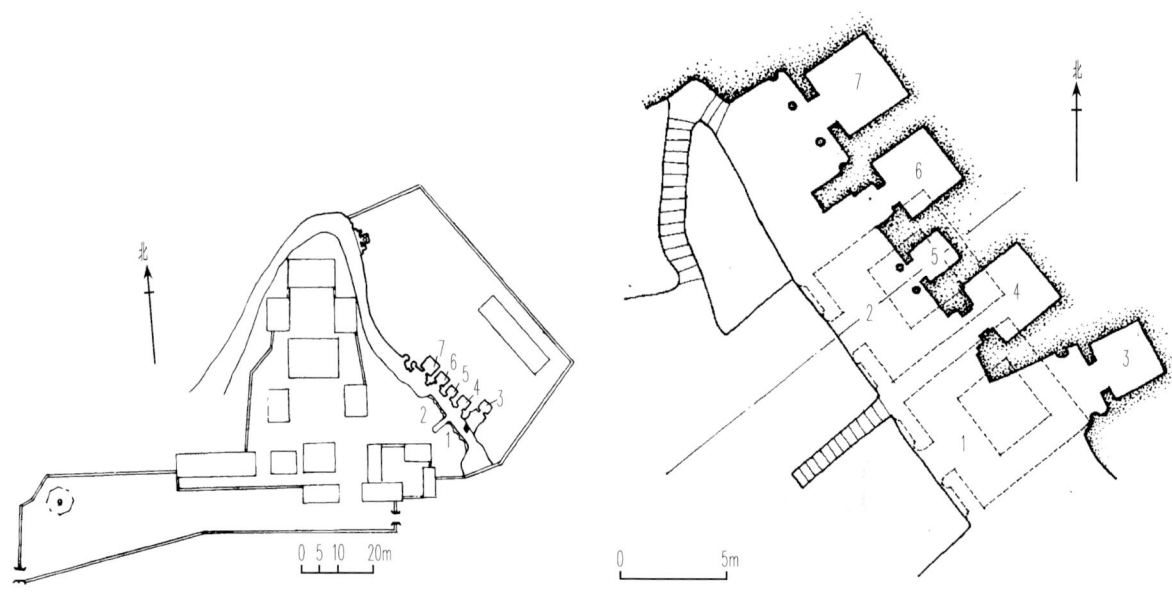

图1-4 响堂寺平面图

（资料来源：《华夏考古》1994年2期第98页图二）

图1-5 南响堂石窟平面图

（资料来源：《文物》1992年5期第21页图二）

2窟，名般若洞，并列于1窟之北，前壁右侧刻有《若洞经》，洞因此得名。为中心方柱塔庙窟，高4.6m，宽6.35m，深6.5m。洞窟结构同1窟。窟前壁外左右侧存隋代道净撰写的《滏山石窟之碑》，此碑详细记载了南响堂石窟的开凿时间和经过。

3窟，名空洞，位于上层最南端，因后室被盗一空得名。窟平面方形，盝顶，三壁三龛佛殿窟。分前廊、后室，前廊宽4.5m，后室宽2.7m，深2.5m，高2.65m。前廊顶基本无存，后室顶浮雕山花蕉叶。外立面叠涩脊上为山花蕉叶、覆钵丘,上为宝瓶脊刹。

4窟,名阿弥陀佛洞,位于3窟北侧,正壁及左右三壁均供奉阿弥陀像,故名。平面近方形,平顶,为四壁设坛窟。洞深3.4m,宽3.4m,高3.58m。

5窟,名释迦洞,位于2窟正上方,因供释迦佛得名。平面方形,平顶,三壁三龛佛殿窟,地面雕莲花,窟顶藻井亦雕莲花,四周飞天。窟三壁开龛,洞宽深均为1.9m,高2.5m。

6窟,名力士洞,位于5窟北侧,前壁窟门两侧雕金刚力士像,故名。窟平面方形,覆斗顶,为四壁设坛窟。洞深3.2m,宽3.2m,高3.9m。

4、5、6窟三窟从立面看为一组洞窟,原雕一横贯三窟的仿木结构窟檐,现已崩塌,岩壁留有瓦陇痕迹。

7窟,名千佛洞,位于上层北端,因佛背光的四壁造有千佛得名。是上层五个窟中保存最好的一个。窟分前廊、后室,前廊为四柱三间,窟顶凿仿木构建筑的斗拱、屋顶,叠涩脊上有山花蕉叶、覆钵丘,上为宝瓶脊刹,外立面为典型的塔形窟。后室平面方形,盝顶,为三壁开龛佛殿窟。洞宽3.7m,深3.5m,高3.8m。

此外,石窟边还分布一些后代续凿的小龛、摩崖题刻。

2. 北响堂石窟(图1-6、图1-7)

位于和村村东的鼓山天宫峰西坡,共有主要洞窟7座。从右到左为隋佛龙洞、明洞、大佛洞、宋洞、关帝洞、释迦洞、刻经洞。其中大佛洞规模最大,装饰最华丽。雕刻精巧,装饰华

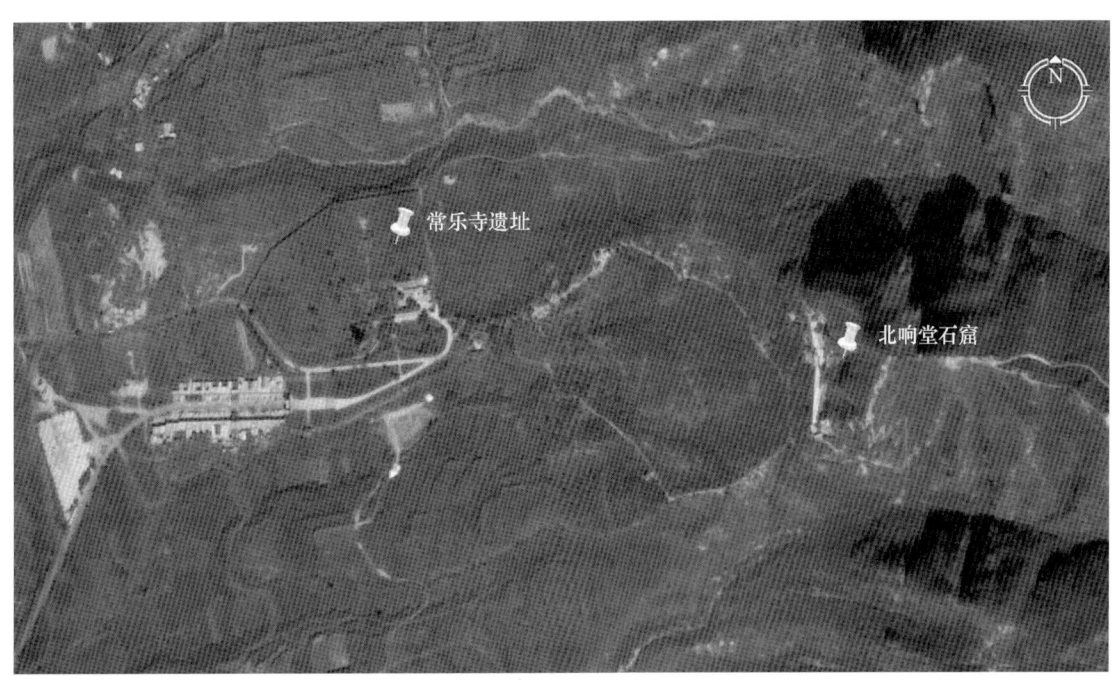

图1-6 北响堂石窟及周边环境卫星影像图

(资料来源:Google Earth)

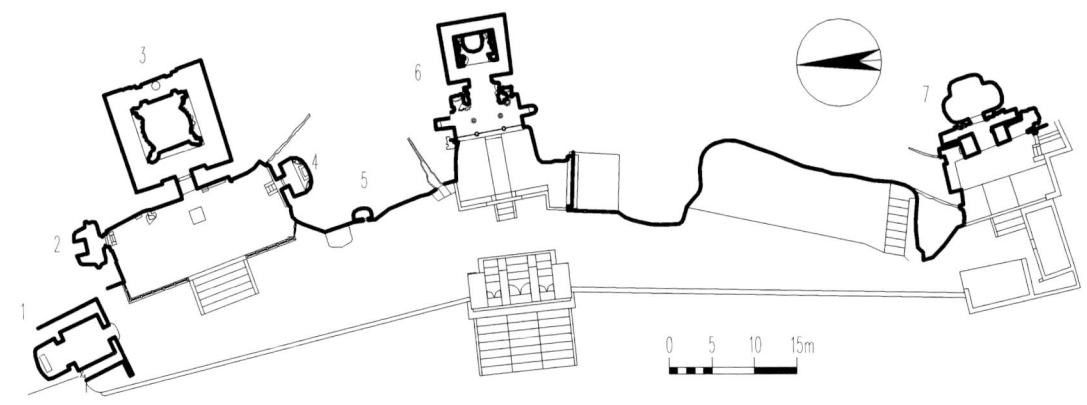

图1-7 北响堂石窟平面示意图

(资料来源：自绘。以下如无注明，均为编著者自绘)

丽，为北齐高超艺术的代表。在登山路左侧有小型洞窟9处，右侧有小型洞窟2处，窟龛形制为隋唐时期。窟区山坡上有佛龛多处（下文详述）。

山下现存常乐寺遗址（图1-8、图1-9、图1-10），坐北朝南，占地7000m^2，现存有八角九层砖塔一座、由南至北，中轴线上建筑基址为山门、天王殿、三世佛殿、大雄宝殿、地藏殿，两侧基址包括东西厢房、钟鼓楼、禅房，另有石造像、宋代经幢及历代碑刻等文物。遗址前左侧有隋代石佛造像，右侧为八角九级宋代砖塔。

3. 水浴寺石窟[④]（图1-11）

水浴寺石窟又称"小响堂石窟"，位于寺后坡村西北200m，居鼓山东坡，与北响堂石窟隔山相峙，现存石窟2座，另有摩崖造像。石窟旁有水浴寺遗址。

石窟及摩崖造像凿于寺西低矮崖壁上，坐北朝南，总长约22m。西窟（图1-12）凿于北齐武平五年（公元574年），平面方形，进深5.5m，面阔5.35m，高4.4～4.9m，为水浴寺石窟规模最大，保存最完好的洞窟。窟内正中为中心柱，边长2.6m。塔柱后面与窟后壁相连，下方以拱顶隧道沟通东西廊。所有壁面及塔柱各面均雕满造像。外壁紧贴崖面为仿木结构的四柱三间前廊遗迹，顶雕覆钵塔，已残毁。窟内供一佛二弟子二菩萨像，四壁刻千佛及供养人。东侧龛内佛头光右侧有造像发愿文"武平五年甲午岁十月戊子朔明威将军陆景□张元妃敬造定光佛并三童子愿三界群生见前受福□者托荫花中俱时值佛"，记载了石窟的凿建年代。

东窟位于西窟东侧8m处，平面为不规则方形，三壁设坛佛殿窟。进深2.1m，面阔2m，高约2m，凿于北宋。

摩崖造像亦分东西两区，西区始凿于隋，唐、宋续凿，雕刻精美、细腻，造像丰满，写实、形象生动。东区凿于北宋，内供佛像、菩萨，龛下雕刻佛传故事一组。

[④] 邯郸市文物保管所：《邯郸鼓山水浴寺石窟调查报告》，《文物》1987年4期。

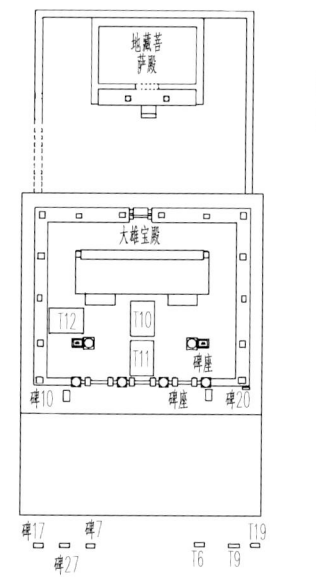
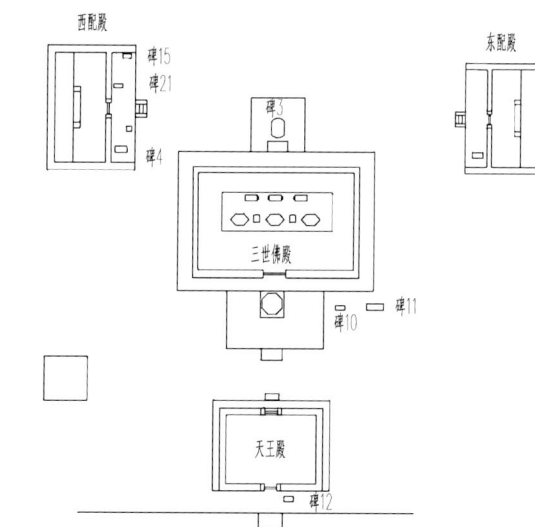
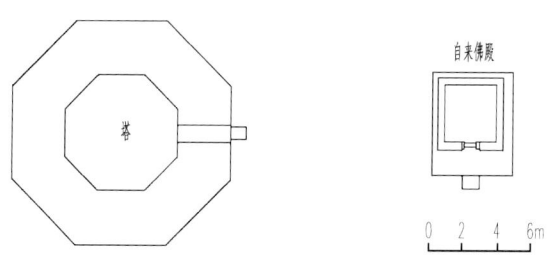

图 1-8　常乐寺遗址平面示意图

（资料来源：据《文物》1982 年 10 期第 27 页图二、三描绘）

图 1-9　2004 年常乐寺遗址俯视平面图

（资料来源：自摄。以下如无注明，均为编著者自摄）

图 1-10　20 世纪 30 年代常乐寺全景

（资料来源：《响堂山石窟——流失海外石刻造像研究》第 129 页，为峰峰矿区文管所征集，此照片与水野清一、长雄广敏《河北磁县·河南武安响堂山石窟》相关图版相似，推测摄于 1936 年以前）

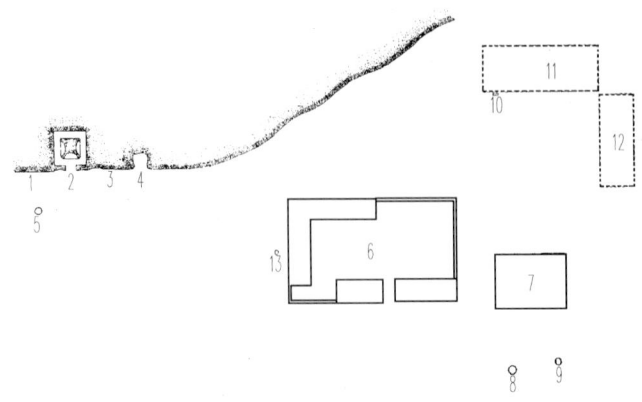

图 1-11　水浴寺石窟及水浴寺遗址平面示意图

（资料来源：《文物》1987 年 4 期第 2 页图二）

图 1-12　水浴寺石窟西窟立面图

水浴寺遗址残存经幢 2 座，东西对峙，建于北宋端拱二年（公元 989 年）。另有前殿基址、禅房基址、其他建筑基址 2 处、妙用禅师灵塔、残断经幢。

水浴寺石窟，规模虽小，但内容丰富，雕刻精湛，纪年确切，是研究石窟艺术宝贵的实物资料。

二、响堂山石窟历代营造情况

北周建德三年（公元 574 年），北周境内禁止佛教活动。北周建德六年（公元 577 年），即北齐承光元年，北周灭北齐，北周武帝宇文邕进占邺都，针对继续发展的佛教实体，立即推行灭佛政策，毁寺 4 万，强迫 300 万僧、尼还俗，这次灭佛事件，石窟在劫难逃，这在南响堂第二窟门外的隋代《滏山石窟之碑》记载为："……功成未几，武帝东并，扫荡塔寺，寻纵破毁"。这是响堂山石窟遭受的第一次破坏。

隋代立都后，将佛教作为巩固其统治的方针之一，下令修复寺院。南响堂石窟中的隋代碑刻、题记及北响堂石窟的大业洞的开凿反映了这一情况。

唐代佛道盛行，是响堂山石窟营造的又一繁荣时期，开凿的佛龛300多个，有题记的达46处。北响堂石窟登山路附近的窟龛、1窟即开凿于这一时期。到唐武宗会昌五年（公元845年），发生灭佛运动，即会昌法难，拆毁寺庙，勒令僧尼还俗，收回田产。唐宣宗即位后，重兴佛教，但石窟营建已失去了昔日的恢宏。

五代后周世宗（公元954～959年）时期，皇室整顿佛教，下诏严禁私自出家，寺院需经朝廷批准，石窟营造活动再次停止。

宋代，采取给佛教以适当的保护来加强其对国内统治的力量。北响堂石窟的1窟、4窟的部分佛龛、水浴寺石窟的东窟、摩崖题刻东区即凿于这一时期。

金代崇拜佛教，石窟留有题记多处，金正隆四年（公元1159年）碑是现存常乐寺的著名碑刻。元代百余年间，响堂山石窟没有大规模的营造活动。

明代政府对佛教加以管理整顿限制，北响堂石窟的2窟、5窟凿于这一时期，另有残存题记20多处，记载修像、金装、重修题铭等。

清代延习明代对佛教的管理，禁令较多，加之后期国势衰落，仅有残存碑刻20余处，内容记载官商、富豪、施主捐资重修殿堂、佛像等。北响堂石窟1窟石券建筑、3窟前壁砌石、6窟木构前廊、7窟石券前廊、南响堂石窟的石券（1986年拆除）应完成于这一时期。

民国时期，20世纪20年代，武安县伪县长李聘三勾结袁世凯之子袁克文将北响堂石窟许多造像及细部雕刻盗凿并运往国外，义愤的村民为阻止盗卖活动，将部分佛像敲毁，响堂山石窟遭到了有史以来最惨重的破坏。这次破坏导致并形成了石窟现在缺头少臂的局面。之后，当地居民筹资重塑佛头，对北响堂石窟佛像进行了装銮。

20世纪40年代，常乐寺毁于一场大火，地面建筑基本烧毁。

三、近代研究概况

1922年，日本学者常盘大定和关野贞对响堂山石窟进行了考古调查，较为详细，其成果收入《支那佛教史迹踏查记》一书。

1935年，国立北平研究院史学研究会考古组徐炳昶、顾颉刚老先生带领学生在响堂山石窟进行了拍照、拓片、记录、整理有关造像题记、校刊刻经、编制碑目、文字记录现状的工作，其后印行出版了《南、北响堂及其附近石刻目录》一书，确认了响堂山石窟是以北齐石刻为主的石窟群，这是国内研究响堂山石窟的最早著作，也是我国学者对石窟艺术这门学科研究的开端。

1936年11月，中国营造学社刘敦桢调查了南、北响堂石窟，调查情况收入《河北古建筑调查日记》。各用1天时间，以日记形式，分别对北、南响堂石窟及常乐寺等建筑进行了简要描述。1937年6月，刘敦桢又调查了水浴寺石窟，调查情况记录在《河南、陕西两省古建筑调查笔记》，较南、北响堂石窟的记述更为简略。

1936年4月，日本学者水野清一、长广敏雄也对南、北响堂石窟进行了为期一周的调查，其调查结果主要收录在《河北磁县·河南武安响堂山石窟》一书，书中配有相当数量的图版、照片、拓片，记述较为全面。

1952年，祁英涛、罗哲文、里正调查了南、北响堂石窟，调查较为详细，对主要洞窟及附属建筑做了介绍，附有南响堂石窟的平、剖面图，成果以《河北省南部几处古建筑的现状调查》发表在《文物参考资料》1953年第3期上。

1955年，王去非参观了响堂山石窟，提出塔形窟的概念，以《参观三处石窟笔记》发表在《文物参考资料》1956年第10期上。

1955年4月，华北艺术专科学校美术史教研组调查了以北朝石窟造像为中心的华北地区石窟，随后罗卡子先生出版《北朝石窟艺术》。书中从美术角度对各洞窟进行了介绍，内容较为翔实，并与云冈、龙门石窟进行了比较，对北朝石窟艺术进行了概括。

1955年8月28日~31日，西北美术学院美术系因教学工作需要，王子云从美术角度对河北、河南、山东、山西、陕西等地的石窟进行调查，调查侧重于石窟雕塑，对南、北响堂石窟进行了调查介绍，收入《从长安到雅典——中外美术考古游记》一书[5]。

1957年，宿白、赵思训、刘慧达带领北京大学历史系考古学专业实习队对响堂山石窟进行了测量、绘图等，后因十年动乱，资料大部散失。

1979年4月~8月，河北邯郸市文物保管所、峰峰矿区文物保管所对北响堂石窟山下常乐寺遗址进行调查、清理。

1981~1982年邯郸市、峰峰矿区两文物保管所合作对石窟进行全面调查实测，建立资料档案。

1982年9月，邯郸市文物保管所对水浴寺石窟及其建筑遗迹进行调查。

1986年3月至1987年6月，河北省古代建筑保护研究所与峰峰矿区文物保管所对南响堂石窟进行了全面清理工作，拆除后加石券，清理上部填土，拆迁压在石窟上面的靠山阁（1986年拆除，1989年完成恢复），出土了重要的《滏山石窟之碑》和保存完整的7窟"覆钵塔"塔形。

1988年，北京大学考古系在马世长带领下，全面测绘记录南响堂石窟，并详细调查了北响

---

⑤ 王子云：《从长安到雅典——中外美术考古游记》，岳麓书社，2005年。

堂石窟，此次成果在整理中。

1989年，河北省古代建筑保护研究所和峰峰矿区文物保管所委托中科院地质所对南响堂石窟的病害进行了调查，随后地质所提交了"河北邯郸南响堂寺石窟稳定性分析及工程评价"等调查分析报告，为南响堂石窟的加固保护提供了依据。

1989年，日本京都大学曾布川宽考察响堂山石窟，在《东方学报》第62期上发表《响堂山石窟考》，对塔形龛进行了专题论述。

1991年4月，傅熹年考察了响堂山石窟，成果收入其主编的《中国古代建筑史》（第二卷·两晋、南北朝、隋唐、五代建筑史）中。

1992年，河北省古代建筑保护研究所和峰峰矿区文物保管所再次委托中科院地质所对北响堂石窟的病害进行了调查，地质所提交了《河北邯郸北响堂寺石窟的地质环境》、《河北邯郸北响堂寺石窟稳定性分析及工程处理建议》、《北响堂3号窟三维弹性有限无应力分析和稳定性初步评价》的报告，为北响堂石窟的加固保护提供了依据。

1999年，峰峰矿区文物保管所在以往调查基础上，组织对国保单位记录档案进行整理，形成了南、北响堂石窟记录档案。

根据1979年以后的调查测绘，发表了一批以考古报告为主的基础性论文，主要包括《河北邯郸鼓山常乐寺遗址清理简报》、《邯郸鼓山水浴寺石窟调查报告》、《南响堂石窟新发现窟檐遗迹及佛龛》、《南响堂石窟清理记》、《南响堂石窟新发现的纪年碑》、《响堂山石窟的编号说明及内容简介》。

同时，研究论文丰富多彩，如《响堂山北齐塔形窟龛论》、《响堂山石窟刻经及其书法艺术》、《响堂山北齐塔形窟述论》、《响堂山石窟造像题材》、《响堂山石窟造像的特征》、《从文献资料论响堂山石窟的开凿年代》、《响堂山石窟北朝刻经试论》、《响堂山石窟的凿建年代及分期》、《试论北响堂石窟的凿建年代及性质》、《试论响堂山石窟的初创年代》、《南响堂山石窟唐代小龛初探》、《南响堂石窟建筑略析》、《响堂山拾遗》、《河北邯郸响堂山的塔形窟》等，这些文章从塔形窟、刻经、造像、年代、石窟性质、石窟建筑、石窟名称、分期等诸多方面展开论述，增加了人们对石窟的进一步了解和认识。

也有探讨对石窟如何进行保护方面的论文，如《南响堂石窟损坏形式和保护设想》、《南响堂石窟表面粉尘特征及对石雕影响的研究》、《大气污染对南响堂石窟石雕表面风化的影响》、《邯郸北响堂寺3号石窟的工程科学亮点研究》等，从石窟保护的角度，论述外界因素对石窟的影响以及可能采取的保护措施。

另外，有些研究专著中涉及响堂山石窟内容较多，如陈明达主编的《中国美术全集·巩县天龙山响堂山安阳石窟雕刻》一书中收入陈明达的《北朝晚期的重要石窟艺术》、丁明夷的《巩县天龙山响堂山安阳数处石窟寺》两篇文章；李裕群主编的《北朝晚期石窟寺研究》中邺城地区石窟即以响堂山石窟为中心进行研究；国家文物局主编的《佛教石窟考古概要》也有专门章节介绍响堂山石窟；常青主编的《佛祖真容——中国石窟寺探秘》专有北齐邺都的石窟群，论述响堂山石窟；《中国美术分类全集·中国石窟雕塑全集·北方六省卷》也专题介绍了响堂山石窟。

此外，专题研究响堂山石窟的专著也不断出现，如《响堂山石窟——流失海外石刻造像研究》、《响堂山石窟碑刻题记总录》、《中国石窟雕塑精华·河北响堂山石窟》，这些专著从流失海外石刻造像、碑刻题记、雕塑等方面对响堂山石窟进行了专题研究。

四、近代保护概况

建国前后，响堂山石窟处于无人管理状态，响堂寺曾作为军工炼油厂，1、2窟作为油库储存煤油，此后，又曾作为峰峰师范学校、峰峰报社、工人宿舍、西纸坊村小学等使用。

1955年，南、北响堂石窟文物管理所成立，设有专人保护，次年更名为峰峰矿区文物保护管理所，1956~1965年，地方政府先后拨款，维修了南、北响堂石窟的附属建筑。

1959年，周恩来总理冒雨参观了南响堂，并对第七窟（千佛洞）内的飞天、伎乐等造像给予了高度赞赏，并指示当地负责人要保护好这处艺术宝藏。因此，在"文革"期间，响堂山石窟免受了灾难。

1961年，国务院公布为第一批全国重点文物保护单位。

1973~1979年，国家、省、市政府拨款，对响堂寺建筑进行揭顶维修；1979年维修响堂寺西配殿。

1980年，修建南响堂西大门门楼，修建北响堂上山公路、停车场等；1981年，维修响堂寺后楼；1983年修缮北响堂石窟6窟左侧菩萨殿屋顶和大佛洞、中洞花墙拱门等，次年修建北响堂石窟围墙，砌台阶和山上入口拱券门；1985年8月，南响堂石窟6、7窟挡墙出现坍塌险情，1986年3月至1987年6月，拆除后加石券，清理上部填土，拆迁压在石窟上面的靠山阁（1986年拆除，1989年完成恢复），并建围墙140m，此次清理，出土了重要的《滏山石窟之碑》和保存完整的7窟"覆钵塔"塔形；1988年，修建常乐寺遗址围墙400m。

1989~1991年，对南响堂石窟本体实施了加固保护工程，1992年修建了南响堂石窟保护性设施——保护棚；1996~2001年，河北省古代建筑保护研究所在以往调查基础上，完成北响堂石窟加固保护方案。

2002~2005年，北响堂石窟加固保护工程实施，主要完成北响堂石窟不稳定岩块清除、危岩体锚杆加固，破碎体粘接加固，刻经洞保护棚及裂隙水疏导、窟区环境初步治理等保护项目。

2002~2003年，南响堂寺进行了天王殿大修工程，同时对西院禅房进行翻修作为办公用房。

20世纪90年代后，峰峰矿区地方政府投资，重新选线修建了北响堂石窟到山下3公里长的公路，修建北响堂石窟管理用房、接待室，进行山体绿化、引水电上山，进行环境整治等；南响堂石窟改建响堂寺前台阶道路，进行寺外环境绿化整治等。

第三节　北响堂石窟现状调查

一、北响堂石窟始建情况

响堂山三处石窟中，通过隋代《滏山石窟之碑》，可知南响堂石窟为北齐天统元年（公元565年）由鲜卑勋贵高阿那肱出资凿建，水浴寺石窟有北齐武平五年（公元574年）题记，可知为武平年间凿建。

北响堂石窟（图1-13）缺少确切的凿建年代题记与碑刻，从现存碑刻及历史文献考查，可知北响堂石窟的始建年代有东魏和北齐两种意见。

有关东魏之说的文献首推《资治通鉴》卷160《梁记》武帝太清元年（即东魏武定五年，公元547年）条："东魏武定五年……虚葬齐献武王于漳水西，潜凿成安鼓山石窟⑥佛寺之旁为穴，纳其柩而塞之，杀其群匠。及齐亡，一匠之子知之，发石取金而逃。"北响堂

图1-13　北响堂石窟西面远景

石窟现存碑碣中，东魏凿窟之说首见于明嘉靖二十四年（公元1545年）磁州知州刘崇的题诗，该诗称石窟为"高欢避暑宫"，万历十五年张应登《游滏山水鼓山记》中引《资治通鉴》关于葬高欢于鼓山的记载。此后，东魏开凿立寺之说屡见于历代碑碣。大佛洞顶的洞穴遂被指为高欢墓，按此说，则大佛洞在高欢死后（东魏武定五年）已完成或基本完成。

北齐之说的文献最早应是唐道宣《续记高僧传》卷26《隋京师大兴善寺释明芬传》记载："……仁寿下敕。令置塔于慈州之石窟寺。寺即齐文宣之所立也。大窟像背文宣陵藏中，诸雕刻骇动人鬼……"。常乐寺内金正隆四年（公元1159年）《磁州武安县鼓山常乐寺重修三世佛殿记》也持北齐之说，碑上记载："……文宣常自邺都诣晋阳，往来山下，故起离宫以备巡幸，于此山腹见数百圣僧行道，遂开三石室，刻诸尊像，因建此寺，初名石窟，后主天统间改智

---

⑥　东魏时北响堂石窟归属成安郡管辖。另外南响堂石窟有滏山石窟之称，北响堂石窟有鼓山石窟之称。

力，宋嘉佑中复为常乐寺……"。上述文字表述了石窟是由北齐文宣皇帝高洋所建，高洋于东魏武定八年（公元550年）代魏立齐，改号天保，凡十年（公元550～559年），据此，石窟的开凿时间当在公元550～559年之间。

刘东光先生根据文献和造像风格分析，认为北齐说较为可信⑦。按此说法，北齐天保元年（公元550年），北齐政权建立，皇帝高洋崇信佛教，立国后即在鼓山凿窟立寺，其在位期间（公元550～559年）先后开凿了大佛洞、释迦洞、刻经洞三座大型洞窟和一座小型洞窟宋洞，在山下建立常乐寺。北齐天统至武平年间，重臣唐邕在刻经洞内外刻写了《维摩诘所说经》等四部佛经。

隋代佛教重新兴盛起来，响堂山石窟也很快适应了这种情景，又出现一阵造像热潮。常乐寺作为国内重要寺院，于仁寿年间奉敕立塔（现存为宋代形式）。唐代增建一窟，为隋佛龙洞，明代增凿二窟，名明洞、关帝洞。

二、石窟的形制与现状

1. 大佛洞（图1-14）

图1-14　3窟西面近景

编号3窟，位于石窟区北端平台正东侧，因洞窟为响堂山石窟中规模最大，雕刻最精的洞窟，得名大佛洞，又名北洞。窟为中心方柱塔庙窟，窟分前廊后室，后室平面方形、平顶，中为中心柱，宽深各约12m，窟高11.6m，主尊造像高3.5m。后室中心方柱三壁开龛，上部与窟后壁相连，下部形成低矮甬道，供礼佛时通行。这种窟形是响堂山石窟的典型形制。中心柱下部宝床侧雕火焰纹莲瓣状拱小龛。龛内雕执树、抱鱼等身着甲胄装的神王。在龛顶以上，还开有一排小龛，内雕佛像。该窟中心方柱南侧上部小龛自前向后第三龛处仍有一空穴，是文献记载的高欢墓。

窟内四壁为16个大型"塔形龛"（图1-15），龛柱多角形，有仰覆莲束腰，与窟外龛柱形制相仿，其下以跪状怪兽承仰莲为础。怪兽造型夸张，毛羽翘昂，肌肉凸出，钩爪有力，是威猛和力量的象征。龛柱顶雕火焰宝珠，柱身棱面上精雕缠枝忍冬图案。龛顶浮雕覆钵形塔顶，

---

⑦ 刘东光：《试论北响堂石窟的凿建年代及性质》，《世界宗教研究》1997年4期；刘东光：《响堂山石窟的凿建年代及分期》，《华夏考古》1994年2期。另外，关于北响堂石窟的凿建年代，研究文章较多，见参考文献。

顶心承由仰莲、相轮、忍冬和火焰宝珠组成的塔刹。每一小龛就是一座装饰华丽的佛塔，雕刻精美，装饰繁细富丽，是响堂山石窟杰出的作品。龛内原有雕像已毁，现存造像为民国年间补刻。石窟的前壁中部原为平浮雕"帝后礼佛图"，因前壁坍塌现仅存局部。

窟立面为单层覆钵塔式，前壁正中为窟门，前廊坍塌，三间四柱残毁，仅存遗迹，上方凿有3个明窗，其上残存部分瓦陇，上为覆钵塔形，直接将窣堵波式的覆钵丘生搬硬套而来，覆钵丘较大且覆盖全部廊（檐）顶，顶部高大的火焰宝珠痕迹明显。

图 1-15　3 窟四壁"塔形龛"

2. 释迦洞（图 1-16）

图 1-16　6 窟西面近景

编号 6 窟，位于北响堂石窟中部，因主尊供释迦牟尼而得名，又名"中洞"。为中心方柱式塔庙窟。窟分前廊后室，后室平面方形、平顶，中为中心方柱，窟宽 7.8m，深 7m，高 5.8m，正面开龛，内雕一佛二弟子二菩萨，后壁上部与洞窟后山体相连，下部形成低矮甬道，供礼佛时通行。

立面为单体覆钵塔式（现外观下部为二层木结构仿清建筑，已遮盖原正脊、部分山花蕉叶），前壁正中为窟门，三间四柱，柱间上部开明窗三，檐柱的中间二柱用蹲踞的雄石狮承托，劲健有力，柱体作八角形，向上有收分，中用仰覆莲束腰，雕刻精美。在洞门外两侧雕二身菩萨立像，两侧龛柱间各开一龛，内雕身着甲胄的天王立像，虽已残损，但雄姿犹存。

屋脊以上塔形部分，山花蕉叶上置覆钵，中间刹座为须弥座，狮形间柱，上置塔刹，刹两侧为火珠束莲柱（存 1 根）。刹座部分、塔刹以上部分多为砌石制作。砌石上现存椽洞、梁洞及"栱头"等遗迹，其功能及用途有待进一步研究。

3. 刻经洞（图 1-17）

编号 7 窟，位于窟区南部，因刻经而命名和闻名。为三壁三龛佛殿窟，其外观为单体覆钵塔式，窟分前廊后室，后室平面方形、平顶，宽 4.3m，深 3.3m，高 4.3m，正壁及左右壁开帐

图1-17　7窟西面近景

形龛，龛内雕一佛二弟子二菩萨二胁侍七尊像，窟顶浮雕莲花藻井。龛下设低矮基坛，正壁主尊结跏趺坐于方形须弥座上，手施无畏印，像高2.3m。

前廊面阔为三间四柱，宽9.9m，深1.2m，高3.7m，明间正中开窟门，次间各开大龛，明间上部为印度式拱，窟檐雕出仿木结构建筑形式的滴水、勾头及瓦条叠涩脊，脊上浮雕大型山花蕉叶覆盖窟顶，大蕉叶拥托覆钵丘，上雕出象征塔刹的双层火焰宝珠。覆钵丘中部一小型洞窟，名双佛洞，宽1.65m，深1.1m，高1.3m，正中并坐释迦牟尼和多宝佛，左右各侍一菩萨，头部皆毁，左右壁各雕一佛二菩萨。

另外，在窟前廊左侧，隋代增凿一小型洞窟，因凿于隋大业年间，故名大业洞，洞三面凿佛龛，无主佛。

北齐天统至武平年间（公元565~576年），重臣唐邕在刻经洞内外刻写了《维摩诘所说经》等四部佛经。后室前壁拱门的两侧壁刻有萧齐昙摩伽陀耶舍翻译的《无量义经·德行品》，前廊内刻《维摩诘所说经》全本，为姚秦鸠摩罗什译本；左侧角廊柱上刻有北魏菩提流支译的《佛说佛名经》中的佛名号。窟外拱门北侧亦为大面积的摩崖刻经，此外，前廊洞外左侧壁刻有《无量寿经优波提舍愿生偈》。刻经洞上部刻有十二部经名，出自鸠摩罗什译本《摩诃般若波罗密经》。十二部经名的上部刻有出自《现在贤劫千佛名经》的弥勒佛、狮子佛、明炎佛三佛名号，及大圣十号。三佛名号的左上角刻有"大空王佛"，大业洞内刻有《佛说决定毗尼经》中的七佛和观世音名号。

窟外北侧有著名的唐邕刻经碑，记述了刻经的时间"起天统四年……尽武平三年……"（公元568~572年），是研究北朝刻经的重要资料。

4. 其他主要洞窟

1窟（图1-18），名隋佛龙洞，位于窟区最北端，坐北朝南，窟室平面呈长方形，宽3.8m，深2.8m，高3.3m，后壁开龛内雕一佛二弟子二菩萨五身像，为唐代雕凿，左右壁为宋代雕刻的龛像。前部石券结构建筑为清代修筑。

2窟（图1-19），名明洞，位于3窟大佛洞北侧，坐北朝南，窟室平面呈长方形，宽4.4m，深1.7m，高2.7m，平顶，上雕莲花，开凿于明代。正壁开大龛，龛内雕释迦像，左右侧为骑狮、象的文殊、普贤菩萨，左右壁各雕一立像，身着朝服，为文官形象。

图1-18　1窟西南面近景

图1-19　2窟南面近景

图1-20　4窟北面近景

图1-21　5窟西面近景

4窟（图1-20），名宋洞，位于3窟大佛洞南侧，坐南朝北，窟平面呈长方形，宽4.4m，深1.4m，高3.5m，平顶，后壁开大龛，龛内雕一佛二弟子二菩萨五身像，其造像风格、雕刻技法及莲花座饰与大佛洞北齐像同，右壁刻七佛，窟门甬道左侧有"宋康定二年新修七佛记"

铭刻，窟外立面隐约可见塔形纹饰，可证此洞为北齐开凿。

5窟（图1-21），名关帝洞，位于第四窟南侧台阶下，窟平面呈长方形，宽3.3m，深2m，高2.9m，平顶，开凿于明代。后壁开龛，龛内雕关帝坐像，左右壁及上侧雕千佛，右壁有"嘉庆三年（公元1524年）造三十五佛、观音菩萨铭"。

另外，1窟左侧、7窟右上侧有佛龛多处。在临近窟区登山路左侧有小型龛窟9个，从龛形看为隋唐时期，右侧山坡上有小型洞窟2个，为唐窟。

以下报告为叙述方便，统一说法，各窟均用编号表述，如"1窟"。

三、地质构造[⑧]

石窟开凿于鼓山西侧寒武系鲕状灰岩的悬崖峭壁中，海拔506m。由于受地质构造的影响，鼓山为南北走向，最高峰海拔805.5m，本地区为低山丘陵区，鼓山西侧为和村盆地，海拔在300~380m之间。基岩为第四系所覆盖，鼓山西侧斜坡为奥陶系灰岩所形成的缓坡地形，而石窟群以东露出寒武系厚层鲕状灰岩，由于岩区坚硬以及断层分布而形成峭壁，山坡的坡度突然陡立，山体挺拔。

北响堂石窟所在地区位于新华夏系一级构造太行山隆起部分。构造主要发生于燕山时期，但喜马拉雅时期继续活动。安阳——邯郸断裂以东则为华北拗陷的另一个一级构造单元。因而本地区经受南北构造和新华夏构造的复合作用，故构造比较复杂，构造类型和形式也较多样。区内大多构造线方向均呈南北或北北东方向。构造类型以断裂构造为主，褶裂次之。

区域上以纬向构造体系，新华夏系及NW向构造为主要构造格架。开凿石窟的山坡走向N340°W，属自然边坡，称第一类斜坡。斜坡中段为陡坎状，石窟窟门开凿于陡坡状悬崖底部，陡坎高度3~18m不等，陡坎以上斜坡坡角亦在70°~80°变化。岩层缓倾，与上述主斜坡倾向相反，一般无充填物，每米2~3条至10~15条，第二类边坡是人为建石窟开凿的与上述斜坡走向相垂直的坡角为80°~85°的斜坡。

北响堂石窟围岩及斜坡节理有如下3组：

第一组：产状N10°~15°E/SE∠82°~86°，压扭性，节理面较平直，无充填物，线密度3~15条/m不等，延续5~8m。

第二组：N10°~20°W/SE∠85°，张扭性，无充填物，有的具溶蚀现象。此组裂隙在溶蚀及卸荷作用下呈张开状，分布不普遍。

第三组：产状N80°E/∠85°~88°，压扭性，裂隙常被溶蚀，节理压呈20~100mm大小不同的溶洞痕迹。

斜坡表面岩体风化程度均为中等风化，人工开凿岩面为微风化至中等风化。

[⑧] 此部分内容选自河北省古代建筑保护研究所：《北响堂山石窟加固工程勘察报告》（2001年1月）、《北响堂石窟危岩体锚杆设计》（2001年3月）。

四、病害类型及其原因[⑨]

1. 病害类型

根据现场实际勘察情况和中国科学院地质研究所、中国岩石力学工程学会咨询部1992年提供的三个研究报告分析,北响堂石窟存在的主要病害有以下几种:

(1) 危岩体(图1-22):岩体因卸荷裂隙与构造裂隙、风化裂隙相互交切形成危岩体。危岩体具有一个相对稳定的时间,在雨水冲刷、地震及采石爆破等外力因素作用下,易发生倾倒、滑落的危险。

(2) 破碎体(图1-23):6窟外柱石刻岩体节理、裂隙十分发育,岩体呈支离破碎状,其外立面覆钵也因裂隙发育,破碎严重。这些破碎体受风化作用的影响,稍有外力,易出现剥落、崩溃的危险。

(3) 渗水病害(图1-24):3窟、6窟、7窟的裂隙渗水在石刻表面沉淀形成一层石钟乳,严重损害石刻造像,雨季时,裂隙渗水还造成窟内积水。

图1-22 危岩体

图1-23 破碎体

图1-24 渗水病害

图1-25 刻经风化

---

⑨ 在工程施工过程中,对病害认识及其原因认识逐步加深,故此段内容较原设计分析增加较多。

（4）风化（图1-25）：暴露在外的石刻即7窟外左右两侧的刻经，长期受到日晒、雨淋和大气污染的共同作用，风化严重，一些碑文已模糊不清。

（5）人为活动：表现为烧香（图1-26）、烧纸箔、窟区燃放烟花爆竹（图1-27）等，造成窟内佛像、雕刻长期遭受烟熏，表面形成炭黑层，造成佛像、雕刻的污染，而频繁的燃放烟花爆竹，引起石窟震动，造成不稳定岩块脱落，影响石窟的稳定。

裂隙分布见表1-1。

图1-26 烧香造成窟内外严重污染

图1-27 烧纸箔、燃放烟花爆竹引起震动、环境污染

2. 病害原因

（1）地质构造变化：由于地质构造活动的影响，开窟后应力的变化，破坏了岩体原有的相对平衡和稳定性，使已有的各种节理发展，并出现新的应力裂隙（卸荷裂隙）。构造裂隙同岩体走向基本垂直，卸荷裂隙与崖壁平行，二者相互交错，把石窟所在的岩体分割成形体各异、大小不同的分离体，使洞窟处于不稳定状态，严重者出现崩塌。

（2）裂隙发育：裂隙的发育，使得原来稳定的岩体变成了危岩体、破碎体。同时，裂隙发育引起岩体渗透，使得洞窟积水，造成雕刻溶蚀，加速雕刻及岩体的风化速度并引起连锁反应。逢降雨，雨水由地表进入裂隙，通过错综复杂的裂隙进入洞窟，其溶蚀作用将碳酸盐带出裂隙，滞留在窟壁，形成石钟乳，覆盖雕刻。

（3）大气污染：石窟附近的耐火材料厂、陶瓷厂、水泥厂、煤窑等，比较明显是在石窟及其附近，到处洒落一层粉尘，大气中SO_2含量超标严重，对石窟腐蚀性明显。大气的污染，加速了石刻、石雕表面、岩体表面的风化，促进了裂隙的发育，与其他因素共同对石窟造成破坏。

（4）煤矿无序开采：峰峰煤矿的地下煤能源的开采，使得石窟区内地下的地质状况发生了变化，石窟区所在的岩体构造也受到一定程度的影响。

表1-1 北响堂石窟裂隙分布统计表①

序号	窟号	顶板	底板	东壁	南壁	西壁	北壁	窟外	备注
1	1窟	裂隙1条，延伸成波浪状，宽5~20mm	裂隙2条，1条宽10mm，1条宽30~50mm	裂隙16条，其中6条延伸较长，构造裂隙多，南端形成1m宽危岩体	裂隙7条，其中6条层面裂隙，局部有泥质填充	裂隙13条，层面裂隙9条	裂隙20条，层面裂隙10条	1窟上方危岩体较严重	裂隙极为严重发育，较为严重的是石窟南端1m范围墙体水平状裂隙的组合下，形成不稳定岩块
2	2窟			侧壁存在3条较长层面裂隙，窟外上方陡壁存在不稳定岩块					病害不严重
3	3窟	裂隙16条，主要为压性结构面和层面剥落，影响较大的是卸荷裂隙	裂隙较发育，共32条		南窟壁裂隙9条，2条影响窟体稳定	裂隙8条	裂隙11条，1号裂隙影响窟体稳定	3窟外北侧岩壁裂隙发育36条，其中层面裂隙12条；3窟外北侧岩壁裂隙发育17条，其中近层面裂隙5条	中心柱正壁裂隙发育3条；中心柱北侧裂隙10条、中心柱东壁裂隙仅见2条，中心柱南壁裂隙4条
4	4窟	裂隙3条	裂隙4条	裂隙4条	裂隙2条	裂隙3条		存在一直立断层与东侧山体分开，窟上方有危岩体	窟体稳定
5	5窟	裂隙3条	裂隙7条	裂隙6条	裂隙10条	裂隙5条	裂隙6条		窟体稳定
6	6窟	裂隙发育19条	裂隙12条	东侧壁有1断层，断层角砾为黄色泥质胶结，东壁还有裂隙2条	裂隙14条	裂隙6条	裂隙29条	南窟外墙裂隙发育，共11条；上部危岩体严重，右上方6−1窟北壁存在裂隙7条	门柱裂缝发育，岩体被切割成碎块，较危险；中心柱西面裂隙7条、北侧1条、东侧5条，南侧5条
7	7窟	裂隙23条	裂隙15条	裂隙6条	裂隙6条	裂隙6条	裂隙7条	外侧北墙有500mm宽大断裂层2，断裂层间及其附近裂缝较多，形成不稳定岩块，顶板和北壁裂隙12条	大业洞顶板9条裂隙、侧壁裂隙17条，南侧门柱（无字碑）裂隙7条

① 此表根据中国科学院地质研究所、中国岩石力学学会工程咨询部提交的《河北邯郸北响堂石窟稳定性分析及工程处理建议》报告整理。

（5）植被破坏：山上树木无序生长，有损于石窟的安全，尤其是窟立壁边缘 10~20m 范围，延长了水分在岩体的存储时间，根系腐烂酸性分泌物又加速了盐分岩石的溶蚀作用。根系生长造成裂隙加速，影响窟体安全。

（6）附属构筑物：7 窟前室的石券上后加条石、木梁搭接在窟前廊岩体上，加重了顶板岩体、前壁碑刻岩体的负荷；券顶的叠压关系不利于顶板破碎岩体的保护。

（7）地震影响：该地区地震活动频繁，根据有关资料记载[11]，自清代以来，发生于本地区的地震多达几十次。而最为强烈的为 1830 年磁县地震，震级达 7.5 级，烈度为十度。从地震发生的方向情况来看，似为北北东向，与邯郸—安阳断裂方向一致。

（8）人为因素：周边采石场的震动、铁路震动等，对石窟不断地、反复地施加冲击荷载，使得岩体结构趋于松动、恶化，也是引起石窟病害的主要因素。烧香、烧纸箔、燃放烟花爆竹等周边百姓的活动，也对石窟产生一定污染和影响，窟内佛台蜡烛的燃烧对石窟产生严重的烟熏污染。

五、价值评估

响堂山石窟与周边的龙门石窟、巩县石窟、天龙山石窟、安阳石窟等石窟中的主要洞窟，始于北朝，终于隋统一之前。在石窟研究史上承前启后，是十分重要的过渡时期，同时这些石窟多为皇室或皇室近亲显贵开凿，代表了北齐的时代特点，形成"北齐式样"，无论造像风格还是造型艺术，都对后代产生了重要影响，是研究北齐历史、佛教、造像等的典型实物资料。

（1）北齐代表性的石窟，第一批全国重点文物保护单位。

响堂山石窟（包括南、北响堂及水浴寺石窟）是北齐时期开凿的最大的一处石窟，是第一批全国重点文物保护单位，是研究北齐石窟最有代表性的石窟。北响堂石窟是响堂山石窟的重要组成部分，为石窟研究提供了珍贵的实物遗存。

（2）独特的"塔形窟"、"塔形龛"形式是响堂山石窟典型的特点（图 1-28，图 1-29）。

"塔形窟"、"塔形龛"是响堂山石窟典型的造窟凿龛形式。"塔形窟"将印度古塔（窣堵波）与佛教石窟相结合，融入中国传统的木结构建筑形式，将石窟前廊看作塔身，做出仿木结构建筑四柱三间的形式，窟檐看作塔檐，上部雕出塔刹，三者创造发展成一体，别具匠心，是北朝石窟中新出现的一种造窟形式。"塔形龛"是"塔形窟"的缩影，龛柱为束莲柱，柱础承兽，柱顶是响堂山石窟特有的火焰宝珠纹，龛顶以上是覆钵，再上为仰莲、相轮、宝相花组成的塔刹。"塔形窟"、"塔形龛"在其他石窟中少见，对隋唐以后开凿的石窟也具有深远的影响，

---

[11] 《磁县县志》记载"万历三十五年……十月地震有声"，"康熙十八年地震有声，自东北来，二十二年六月地震动"，"道光十年闰四月二十二日，地震，是日戌刻有声轰然自西北来，陡觉平地如小舟，在大风浪中，倾侧篸簦维时土崩瓦解声……祠庙衙署民居坍塌十之七八……是年，磁之昨近……武安皆地震……"。

图 1-28　塔形窟

图 1-29　3 窟塔形龛

（资料来源：《文物天地》1992 年 6 期第 46 页图一）

是响堂山石窟独具的窟形特点，其来源与用意，应与北响堂石窟为皇室陵墓[12]有关，这是特定历史条件下的特殊石窟。

3 窟的"塔形窟"处于草创时期，覆钵丘与下层窟（塔身）之间没有柱子、斗栱等构件连接，覆钵丘大且覆盖全部窟顶。6 窟处于过渡时期，外观上已注意了整体效果，但仍显生硬。7 窟在整体造型上趋于完善，上下关系处理趋于成熟，较好地表现了塔形窟的特点。这三座大窟在北响堂石窟中塔形最明显、保存最完好的，是研究"塔形窟"发展的重要实物资料。

图 1-30　7 窟残存屋面

（3）残存早期仿木建筑构件反映了建筑形式的演变（图1-30）。

出现中国建筑形式的窟檐，应是外来石窟形式本土化与建筑化的标志之一，而响堂山石窟的窟檐形式则是石窟本土化达到最成熟的典范。

---

⑫　响堂山石窟为北齐皇室陵墓的说法相传已久，国内学者也多有认可。如陈明达先生在其《北朝晚期的重要石窟艺术》一文中提出"从塔形窟之外观来看，即为佛教徒之墓塔，作为陵墓事所必然……至于何窟为何人之陵，则尚待深入研究。"刘东光先生《试论北响堂石窟的凿建年代及性质》认为北响堂石窟具有陵藏的性质，是"象征性陵墓"；丁明夷先生《河北邯郸响堂山的塔形窟》认为"响堂山石窟还是石窟与陵墓相结合的体现"。

6窟、7窟残存的瓦条脊及勾头、盆唇形滴水，是研究早期建筑屋顶形式和做法的珍贵实物资料。檐柱内倾现象应是木结构建筑中木柱"侧脚"实际做法的反映。由3窟山花蕉叶的平面展开到6窟、7窟山花蕉叶的立面展开（转角处理）及屋顶出45°垂脊等，表现了石窟外观建筑形式的变化，是研究南北朝时期建筑及其演变的重要间接实物资料。

（4）石壁刻经开创了刻经的历史先河（图1-31）。

图1-31　7窟刻经

将经卷诵文镌刻在石壁上，也是佛教传入中国之后的独创。而中国佛教刻经的发源地便是北响堂石窟。据7窟外《唐邕写经碑》记载，天统四年（公元568年）至武平三年（公元572年）晋昌郡开国公唐邕写刻《维摩诘经》、《弥勒成佛经》、《孛经》、《胜鬘经》，开创了将经文镌刻在石壁上的历史先河。此后，这种做法影响到了山东、河北以及北京房山云居寺等地，并历经一千多年的发展，形成了中国的刻经文化体系。《唐邕写经碑》还详细记录了唐邕刻经的用意、内容、时间等，是研究北朝刻经和校刊佛经版本的珍贵资料。

北响堂石窟刻经在书法艺术上也具有重要影响，刻经最大的特点是以楷法写隶间以篆意，以笔方圆兼顾，无较大起伏。撇捺的重按之笔意含蕴藉，笔势稳健，极少开张，其书貌瘦不显枯，肥不丰腴，显见是楷、隶、篆相融的结合体。北响堂石窟刻经，为我们研究书法、历史、艺术、佛教文化及相关学科的关系，提供了重要珍贵的实物资料。在赵朴初主编的《中国佛教》"北朝佛教"一节中对刻经给予了高度评价："北响堂山的窟壁所镌刻的石经，是房山石经的先驱，实为佛教文化史上可以大书特书的大事。"[13]

（5）吸收外来文化，融入民族传统，造像风格承上启下。

造像风格在吸收外来形式的同时，也接受了民族艺术的传统，发挥独创性，形成一种新的风格，更加中国化，为隋唐石窟造像的发展打下了基础。

这时期佛的造像，形体敦厚结实，面稍丰满，高鼻长目，表现出北齐民族的豪迈和强健。

---

[13]　中国佛教协会：《中国佛教》（第一辑），东方出版中心，1980年。

主像结跏趺或半结跏趺坐于圆莲座上，衣纹疏宕，成不规则阶梯状布于全身，佛衣下摆铺于座面，出现圆弧，圆弧腿部出现两条横纹，具有承上启下的重要意义。

菩萨的主要风格表现在浑圆敦实的体态上，其造型给人一种厚重之感，充分表现出扭躯斜胯鼓腹，重心落于一脚的特点，这开启了隋唐造像那种"浓艳丰肥"、"细腰斜躯三道弯"的先河。飞天与菩萨的面相雕刻，丰圆适度，达到了"丰肌而神气清秀"。

声闻弟子面型与菩萨同，体态浑圆，衣式简洁明快，下身也与菩萨相似，有"曹衣出水"之风，身体比例上略显上长下短。响堂山石窟的北齐造像（图1-32），面相丰圆，体形健壮，立像如上大下小的圆柱状，衣纹轻薄疏简，紧贴身躯，已由北魏以线条为主的造型，逐步转变为以表现形体为主的新风格，有较强的质感，成为北魏到隋唐之间的一个过渡阶段，具有承前启后的重要作用。各窟从窟龛到宝坛、莲座、背光等细部都用深浅浮雕刻出多种繁缛而极富变化的图案纹样，诸种纹样配置得当，密而不乱，产生浓烈的装饰效果，形成响堂山北齐石窟的一个特点。

（6）继承北魏风格，积极发展创造，雕刻技法娴熟精湛[14]。

图1-32　3窟上层残存造像

其雕刻技法，一方面继承了北魏的风格，另一方面又创造出新的式样。其造像体型大、肩宽，衣纹较薄，雕刻较浅，使用了圆刀法进行混合处理，尤其表现在衣纹转折处更为明显，使造像的服饰趋于圆润，富于真实，在表现造像的肌体上则更多地使用了圆刀法，加上工匠们娴熟精湛的雕刻技法，使造像平添了无限的生命力，并表现出鲜明的个性，为研究北齐造像以及石窟造像的发展提供了重要实物遗存。

除此之外，响堂山还出现了减地浮雕的形式，这种形式的代表在大佛洞表现突出，环窟四壁一周，雕刻题材均为供养人和博山炉，物象内没有任何雕饰，该窟前壁窟门两侧的"帝后礼佛图"也采用了同样方法。

响堂山石窟佛像、花卉等雕刻（图1-33），美观大方，其雕艺承前启后，是我国石窟艺术发展史上从大同云冈到洛阳龙门过渡阶段的一个重要标志，也是研究我国佛教、建筑、雕刻、绘画及书法艺术的重要宝库之一。

---

[14]　峰峰矿区地方志编纂委员会：《峰峰志》，新华出版社，1996年。

图 1-33　7 窟花卉雕刻

著名历史学家范文澜先生在其所著的《中国通史》中称"其中称为大佛洞的石窟最为宏大，雕刻精美，可与龙门宾阳洞、巩县第五窟以及云岗各大窟相比拟。"⑮

（7）作为独特的宗教建筑，是佛教艺术的重要组成部分。

石窟是一种独特的宗教建筑，石窟艺术是佛教艺术的重要组成部分，它的产生发展与佛教的产生发展是共命运的。魏晋南北朝时期，随着佛教的兴盛，石窟艺术也如雨后春笋般在中国大地上出现，甘肃敦煌莫高窟以及天水麦积山、山西云冈、天龙山、河南龙门、巩县、安阳宝山、河北的响堂山等石窟均为这个时期留下的艺术珍品，为研究我国的政治、经济、文化艺术、意识形态等领域提供了大量的可靠的实物资料。

（8）选址科学，施工技术成熟，反映了北齐时代生产力的发展。

在当时的生产水平和历史条件下，能够在短时间内完成这样的工程，表明石窟寺的建设者具有十分成熟的工程技术经验和管理能力。经历了多次人为的和自然的破坏，饱受风吹日晒，较完整地保存了下来，也证明其在选址和开凿工艺上的重要成就，反映了北齐时代生产力的发展。

六、现状评估

根据中国科学院地质研究所和中国岩石力学工程学会咨询部 1992 年提供的三个研究报告和现场的实际勘察分析，北响堂石窟整体稳定性较好，但陡崖上松动岩块或危岩块时有脱落现象发生，整体评估情况如下。

从地形地貌看，局部由于卸荷裂隙作用产生掉块；从断裂构造看，对石窟雕刻完整性产生一定影响；从岩层产状看，岩层反倾，即向山里倾斜，对石窟稳定有利；从岩石强度看，厚层坚硬的灰岩有利于石窟稳定；从岩溶发育特征看，岩溶发育规模不大，总体不会影响石窟的稳定性。

---

⑮　范文澜：《中国通史》，人民出版社，2004 年。

地震活动以及煤矿开采引起的冒顶问题造成的振动对石窟会产生一定影响，表现在以下三个方面：

（1）陡崖上的松动岩块或危岩块脱落，影响山下人员、石窟雕刻文物的安全。

（2）使石窟附属建筑物破坏。

（3）使石窟佛像强度薄弱部位破坏。

在《河北邯郸北响堂石窟稳定性分析及工程处理建议》中建议采用短锚杆及粘接方法预加固次稳定岩块，用锚杆加固不稳定岩体。

第二章　加固保护工程设计方案[16]

第一节　设计依据与保护原则

一、方案设计依据

（1）《中华人民共和国文物保护法》及其实施细则，《河北省文物保护管理条例》；相关行政规章等有关全国重点文物保护单位的规定。

（2）中国科学院地质研究所和中国岩石力学工程学会咨询部提交的《河北邯郸北响堂寺石窟的地质环境》、《河北邯郸北响堂寺石窟稳定性分析及工程处理建议》、《北响堂3号窟三维弹性有限元应力分析和稳定性初步评价》的报告。

（3）河北省古代建筑保护研究所《北响堂山石窟加固工程勘察报告》。

二、加固保护原则

（1）北响堂寺石窟区为地震频发区，烈度大，地震的破坏危害较大，在设计过程中应充分考虑地震力的影响，该地区按地震基本烈度7度设防。另外石窟区地处采矿区，采矿爆破对岩体稳定也有影响，对此应做适当的考虑。

（2）采取的加固工程措施应考虑与石窟区环境相协调，不允许加固工程对古建筑遗迹、石刻造像有损坏或扰动，尽量保持石窟环境的现状。

（3）石窟区的裂隙渗水，渗水途径长，破顶地形险峻复杂，此次治水工程以导水、排水为主，解决窟内积水问题。

（4）工作区大气污染较严重，对石刻（尤其是暴露的石刻）破坏较大，采取的工程措施应考虑消除或减弱大气污染对石窟的影响。

---

[16]　此节内容主要节选自河北省古代建筑保护研究所：《北响堂山石窟加固工程勘察报告》（2001年1月）、《石窟加固工程设计方案》（2001年1月）、《石窟危岩体锚杆设计》（2001年3月），因3月设计方案是对1月设计内容的充实完善，故小标题略作调整，明显错误取值一并修正。针对石窟的多种病害，方案解决的基本属于技术问题，而对于煤矿、铁路等对石窟的影响应通过政府引导加以控制，对于周边百姓的烧香、燃放烟花爆竹等行为应通过管理逐步限制，这些不在原方案范围之内，特此说明。

第二节　保护工程设计方案的主要内容

一、危岩体锚杆锚固[17]

治理卸荷裂隙引起的危岩体，采取锚固和裂隙灌浆相结合的加固措施。锚杆将危岩体与后部稳定岩体连接起来，充分发挥岩体自身能力，提高岩体的稳定性；裂隙灌浆提高裂隙间的粘结强度，防止裂隙进一步发展、恶化，增强岩体稳定性。

北响堂石窟围岩为寒武系鲕状灰岩，厚层状，岩块的抗压强度达到 100~200MPa。灰岩抗风化能力一般较强，既使表面处于弱风化状态，灰岩风化厚度一般也较薄。因此可以推断，2m 以上的锚固段，以弱风化或微风化为主，还可以认为是坚硬层。强风化和中等风化的地段是个别危岩。对于目前尚属稳定，但稳定系数达不到标准岩块，无论是滑移或崩塌的失稳方式均可将岩块分离体锚固在较为稳固、完整性好的岩体上。根据岩块的形态和与较完整岩体的相对位置决定锚杆的方位。根据稳定状态及岩体几何边界条件，经有关公式校核，设计锚杆的根数、直径、长度。根据《岩土工程勘察规范》（GB50021-94）岩体稳定系数，对岩体结构体倾倒崩塌校核公式采用 3.5。斜坡稳定性系数，不考虑地震力取 4.5，考虑地震力取 3.5。

响堂石窟是古人留给后代的精湛艺术品。用锚杆加固处理应不同于一般岩块的加固后留给岩体表面是锚杆的尾端，这会很大程度上破坏原有的石窟景观和艺术格局，鉴于此，本设计对锚杆尾部进行调整，在表面岩石上扩孔，使锚杆全部埋入岩体。

将岩体表面 100mm 深度内钻孔口径为 ϕ130mm，其余为 ϕ80~100mm，采用最大直径 D = 59mm 的六角丝帽为紧固器，将取出的岩芯下端凿掉一部分，当将锚固紧固后，用染色素混凝土充填于岩芯周围及下部，使岩面与原来的岩面平齐。加入黑色染料后的素混凝土的颜色应与原来岩面的颜色尽量保持协调一致。现场观察表明，窟内岩面与窟外及斜坡岩面颜色还有较大差别，窟内岩面为灰黑色，斜坡及窟外为灰白色及浅灰黑色，故斜坡表面涂抹水泥应为白水泥并现场调色，使其颜色与岩体表面颜色相差甚微，以达到不损害石窟艺术形象的要求。本设计中Ⅰ型锚杆直径为 ϕ32mm。采用 16Mn 螺纹钢材。此型锚杆用于较大锚固力部位。开孔孔径 130mm，然后以 80~100mm 口径至孔底。

本设计中Ⅱ型锚杆非锚固段蘸有沥青，沥青厚度以盖平螺纹为宜。蘸沥青时把锚杆首端的紧固螺丝纹用塑料纸缠住，作为保护层，待拧紧固螺帽时再去掉。Ⅱ型锚杆钻孔直径为 ϕ43mm，锚杆直径 ϕ25mm，亦用 16Mn 螺纹钢材。

---

[17] 原设计文件中计算过程采用老规范，计算过程不完整，因施工时应用新规范进行了重新校核，故锚杆计算过程从略。

砂浆的灰砂比为1:1，水灰比为0.39，宜采用过筛后的中砂，宜采用标号为425号普通硅酸盐水泥。

锚杆使用前应除锈，涂防锈油漆。

锚杆空间方位随被锚固岩体的边界条件而定，在无特别说明设为30°。

如设一根锚杆，其位置应接近岩体分离体的形心。如设2根以上锚杆，锚杆在水平和垂直方向上均匀分布为宜。

为使锚杆在钻孔内居中，每隔1.5m焊一段钢筋作为支架，每根锚杆至少有2个支点。

具体各窟锚杆设计与分布如下[18]（图2-1）

1. 1窟（图2-2）

1窟外上方围岩陡立，岩体被第一组节理、层面及第三组节理切割，分离体呈块状，共出现5块危岩体。

· 1-1危岩体。处于1号窟门上方陡崖顶端，危岩体底部为岩层层面，已呈半凌空状态。该危岩体体积为0.6m×2.2m×3m。

经计算，锚杆：$n_{1-1}=2$根，$L_a=2$m，$L_f=0.6$m，采用Ⅱ型锚杆。

· 1-2危岩体。1-2危岩体为一不稳定滑体，滑体倾向凌空间为N340°W走向的主斜坡，滑动方向的凌空间为第三组节理。滑动面为层面，侧向切割面为第一组节理。体积为2.5m×5m×13.6m。

锚杆：$L_f=2.5$m，$L_a=2$m，$n_{1-2}=15$根。

采用Ⅱ型锚杆。第一排7根，锚固第一组节理，即倾向切割面。第二组8根，将滑移体与层面之间锚固。第2组锚杆倾角为15°。

· 1-3危岩体。危岩体在岩溶裂隙上部，体积为2.2m×7m×4m。

锚杆：$L_f=2$m，$L_a=2.2$m，$n_{1-3}=4$根。

采用Ⅱ型锚杆。

· 1-4危岩体。该危岩体位于溶蚀裂隙上端，顶部为陡崖顶端地面。呈半悬空状，底部为层面，以第一、第三组节理为侧面切割面。体积为1.5m×0.9m×0.8m。

锚杆：$L_f=1.5$m，$L_a=1.5$m，$n_{1-4}=1$根。采用Ⅱ型锚杆。

· 1-5危岩体。位于1-4危岩体左面同一高度。体积为1.0m×1.2m×0.7m。

锚杆：$L_f=1.0$m，$L_a=2$m，$n_{1-5}=1$根。采用Ⅱ型锚杆。

---

[18] 根据新规范要求，对原设计中的表达符号统一按新规范表述。

2. 2窟（图2-2）

2窟门上方岩体陡立成平整陡壁状，实际为沿第三组节理半人工开凿面。

· 2-1危岩体，位于2号石窟寺门上方，凌空面为产状N340°W/SE∠85°的坡面及第一组节理。体积为$1.5m \times 7.6m \times 2.3m$。

$n_{2-1} = 3$根。其中2根，$L_f = 1.5m$；1根，$L_f = 0.6m$，$L_a = 2.0m$。

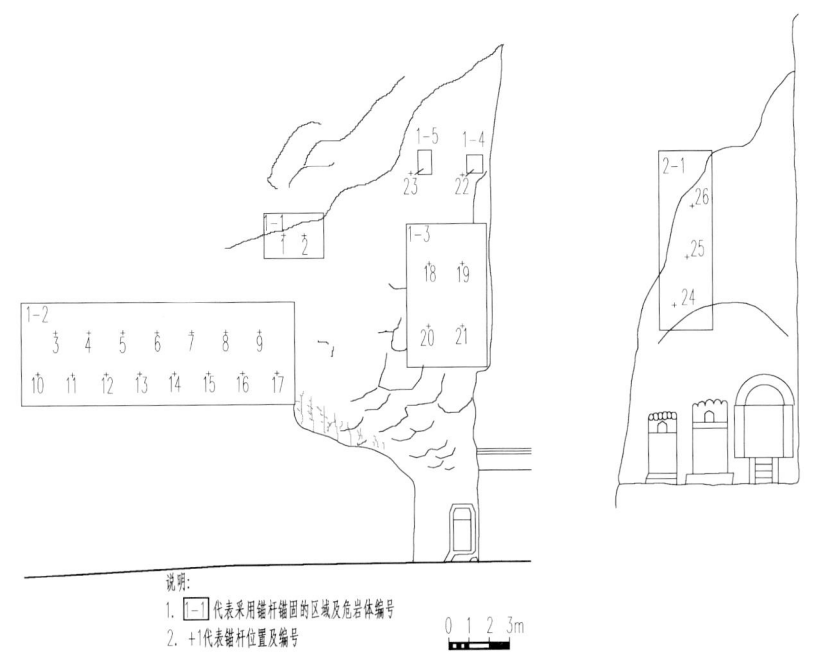

图2-2　1-2窟锚杆加固设计立面图

（资料来源：设计图）

3. 3窟（图2-3）

3窟为北响堂窟顶最高，室内最广阔的石窟。窟门上方岩体的12m坡高内岩体直立似墙壁，寺外岩壁宽19m。窟内西北至东南角有张开状延伸横跨宽为12.05m的3号石窟。该张开状裂隙是斜坡边部沿构造节理卸荷作用形成，为遏止继续开裂，采用Ⅰ型锚杆加固。

西北角从下至上设一排垂直底板方向排列5根锚杆。

从下至上6根锚杆距石窟底板高度分别为1.5m、2.8m、4.0m、5.2m、6.2m、7.5m。6根锚杆非锚固段长度：$L_{f_1} = 3.1m$，$L_{f_2} = 3.5m$，$L_{f_3} = 3.8m$，$L_{f_4} = 4.15m$，$L_{f_5} = 4.5$米，$L_{f_6} = 4.8m$。各锚杆锚固段$L_a = 2.6m$。

为锚固上述张开卸荷裂隙破坏的岩体，在窟门口上方高于窟顶拱1.5m设一排8根Ⅰ型锚杆，从窟门中点向两侧以2m间距一字排开。室内排设7根，东南角外1.8m设1根。

图 2-3　3 窟锚杆加固设计立面图

（资料来源：设计图）

$L_{f_1}=5.1\mathrm{m}$，$L_{f_2}=4.6\mathrm{m}$，$L_{f_3}=4.2\mathrm{m}$，$L_{f_4}=3.8\mathrm{m}$，$L_{f_5}=3.3\mathrm{m}$，$L_{f_6}=2.8\mathrm{m}$，$L_{f_7}=2.3\mathrm{m}$，$L_{f_8}=1.8\mathrm{m}$。各锚杆锚固段 $L_a=2.6\mathrm{m}$。

4. 4 窟（图 2-4）

4 窟建于突出 3 窟陡立壁状岩面 8.55m 的孤立岩体内。孤立状岩体底为宽 8.55m、长 12m、高 15m 的楔形块体，称为 4-1 危岩体，楔形岩体侧向凌空面为 N340°W 走向的主斜坡，位于窟门右侧，窟门左侧被与主坡同一走向倾 SE、侧角 86° 的岩溶裂隙所截。该裂隙上宽下窄，宽度 60～300mm 不等。为遏止岩溶裂隙卸荷变形，在主坡坡面上向溶蚀裂隙方向打 2 排竖向排列的 Ⅰ 型锚杆孔。4 窟顶拱岩面上 1m 为第一孔位置，锚杆倾角 15°，共设 10 根锚杆。锚孔位置距窟门槛所在水平面垂直高度 5.6m，距窟门所在直立平面垂直距离 2m 位置为第一根锚孔位置。然后沿主斜坡向上沿 2m 坡面长度均匀布孔。

$L_{f_1}=7.5\mathrm{m}$，$L_{f_2}=7.0\mathrm{m}$，$L_{f_3}=6.5\mathrm{m}$，$L_{f_4}=6.0\mathrm{m}$，$L_{f_5}=5.5\mathrm{m}$；各锚杆锚固段 $L_a=2.6\mathrm{m}$。

另一排锚杆几何尺寸与此排同。

4-2 危岩块，在 4-1 危岩体主坡面上，体积为 $0.8\mathrm{m}\times 1\mathrm{m}\times 1.6\mathrm{m}$，设锚杆 Ⅱ 型锚杆 1 根。$L_f=6.8\mathrm{m}$，$L_a=2\mathrm{m}$。

4-3 危岩体在 4-2 危岩体右侧。体积为 $3.5\mathrm{m}\times 1.2\mathrm{m}\times 1.5\mathrm{m}$，设 Ⅱ 型锚杆 1 根，$L_f=3.5\mathrm{m}$，$L_a=2\mathrm{m}$。

图 2-4 4-6 窟锚杆加固设计立面图

(资料来源：设计图)

5. 6 窟（图 2-4）

（1）6 窟内

前廊立柱由于受节理切割及受外力造成不同程度破坏。

右侧第一根石柱，柱底被产状 N10°W/SE∠75°，张扭节理切割至凌空状态，应设 4 根锚杆。锚杆位置为：距窟底边墙 1.8m，2.5m 及断柱底面 0.3m 位置各 1 根，方位为从柱的正面至后面，倾角 25°。按上述离底边墙高度顺序：

$L_{f_1} = 0.30\text{m}$，$L_{a_1} = 0.60\text{m}$；$L_{f_2} = 0.38\text{m}$，$L_{a_2} = 0.60\text{m}$；$L_{f_3} = 0.45\text{m}$，$L_{a_3} = 1.0\text{m}$。

右侧第 2 根石柱，被右侧第一根同性质的 2 条节理所截，节理张开度 5~10mm 不等。设 II 型锚杆 3 根。

第 1 根距石窟底板 1.0m 处，$L_{f_1} = 0.45\text{m}$，$L_{a_1} = 0.42\text{m}$。

第 2 根距石窟底板 2.0m 处，$L_{f_2} = 0.20\text{m}$，$L_{a_2} = 0.22\text{m}$。

第 3 根位于断柱面上 0.6m 处，$L_{f_3} = 0.35\text{m}$，$L_{a_3} = 1.45\text{m}$，应在柱的雕纹以上钻孔，钻孔不应损害雕刻图案。

左侧第 1 根石柱，下端节理处设与墙面成 25° 倾角为 20° 锚杆 1 根。$L_f = 0.25\text{m}$，$L_a = 0.50\text{m}$。

该石柱顶端上部沿节理形成体积为：

0.30m×1.10m×0.70m凌空岩块，设$L_f=0.3$m，$L_a=1.0$mⅡ型锚杆1根。

（2）6窟外

6-1危岩体。位于6窟门右上方23m处，危岩体体积0.8m×6m×3m，设4根Ⅰ型锚杆。$L_f=0.8$m，$L_a=2$m。

6-2危岩体。位于6窟门左侧，由主坡面、引洞洞壁构成凌空面，层面为滑移面，滑移体后部为第③组节理溶蚀成的岩溶裂隙为边界，岩体2.6m×2.5m×5m，在主坡面设倾角为45°拉滑Ⅰ型锚杆3根。位置位于已裂开的层面上1.2m。$L_f=1.70$m，$L_a=2$m。

6. 7窟（图2-5）

7-1危岩体。位于窟门右上方5~6m处，有楔形分离体，上宽1.8m，高3m，长2.5m。设$L_{f_1}=1.7$m，$L_{f_2}=1.5$m，$L_{f_3}=1.1$m，锚杆倾角为45°。锚固段为2.0mⅠ型锚杆3根。

7-2危岩体。位于窟门外上方15m左右，体积0.45m×2.0m×2.6m，半悬空状平贴于坡面，设$L_f=0.45$m，$L_a=2$m，Ⅱ型锚杆1根。

7-3危岩体。由3块危岩构成，危岩呈分离状态，每块设$L_f=0.45$m，$L_a=2$mⅡ型锚杆1根。

图2-5　7窟锚杆加固设计立面图

（资料来源：设计图）

二、不稳定岩块清除

北响堂石窟上部斜坡陡，植被极差，岩体裸露。斜坡被上述几组节理切割构成分离体和凌空面。个别岩块由岩层层面构成不同程度的凌空状态。在卸荷、风化、大气降水水流及冻融等综合作用下，外界某一随机触发因素可导致岩体的崩坍。除地震是强触发因素外，根据管理人员反映，崩塌多发生于冬春之交和雨季，说明冻融和大气降水的作用最为突出。对于那些不同几何尺寸的、危在旦夕的岩块，不太强的人为扰动就会发生失稳，应及早人工清除。清除方法是清除工人在绝对安全措施情况下采用撬棍、锤击等方法。具体清除部位如下。

1窟：细致清理上部陡坡上的小块危岩体及斜坡顶面上易被雨水冲下的危岩体。

2窟：窟门上方10～12m范围内台阶状斜坡，坡角50°～60°，有数块灰岩碎石块，边长不足100mm，但已近脱离母岩，应清除掉。

3窟：窟门上部10～12m高的垂直壁状陡崖有数块边长不超过150mm松动岩块应清除。陡崖上部斜坡坡角75°～80°不等。在坡高45m至65m地段有数块边长不足1m以层面为底面的半凌空状分离结构体，应一一加以清除。此外，在整个坡面上应细致全面查寻岩块，可清除者则清除，不可清除者以1～2根Ⅱ型锚杆锚固。

5窟：主斜坡走向为N345°W，近直立。窟门外上方4～5m、6～7.5m、18～21m坡高处岩体分离小块体须清除。其中坡高18m处有一厚150mm，高700mm，宽450mm片状结构体已三向凌空，应清除。

6窟：窟门外上方35m，有0.35m×0.40m×0.50m悬石一块，6窟门外在上方坡顶眉峰地带有半凌空状危岩须清除。

三、破碎岩体的粘结加固

对已脱落的块体，清洗干净破坏面，将块体粘接、归位。对缝隙宽大、张开性好的裂隙，用环氧树脂胶泥封堵裂隙边缘，由下而上灌注环氧树脂。对裂隙小、较闭合的裂隙，用环氧树脂胶泥封堵，防止裂隙进一步恶化。具体部位如下：

（1）3窟中心柱、四壁。

（2）6窟前廊柱破碎块体，六窟中心柱。

（3）7窟前廊、窟内。

四、治水工程

（1）石窟区的治水以解决窟内积水为主，在6窟内地面上，将原有的排水沟加宽、加深，开凿成排水沟，沟宽0.3m，排水坡度5%。另在窟内地面开凿一些小的集水沟，将窟内各渗水点的渗水引至石窟左侧构造裂隙部位的集水坑，然后由排水沟将渗水排至窟外。为保持窟内原有环境条件，排水沟做成暗沟（图2-6）。

（2）为使构造裂隙渗流畅通，整治构造裂隙部位杂乱砌体，适当清除构造裂隙中的淤泥，表面用灰岩块体砌筑封堵。

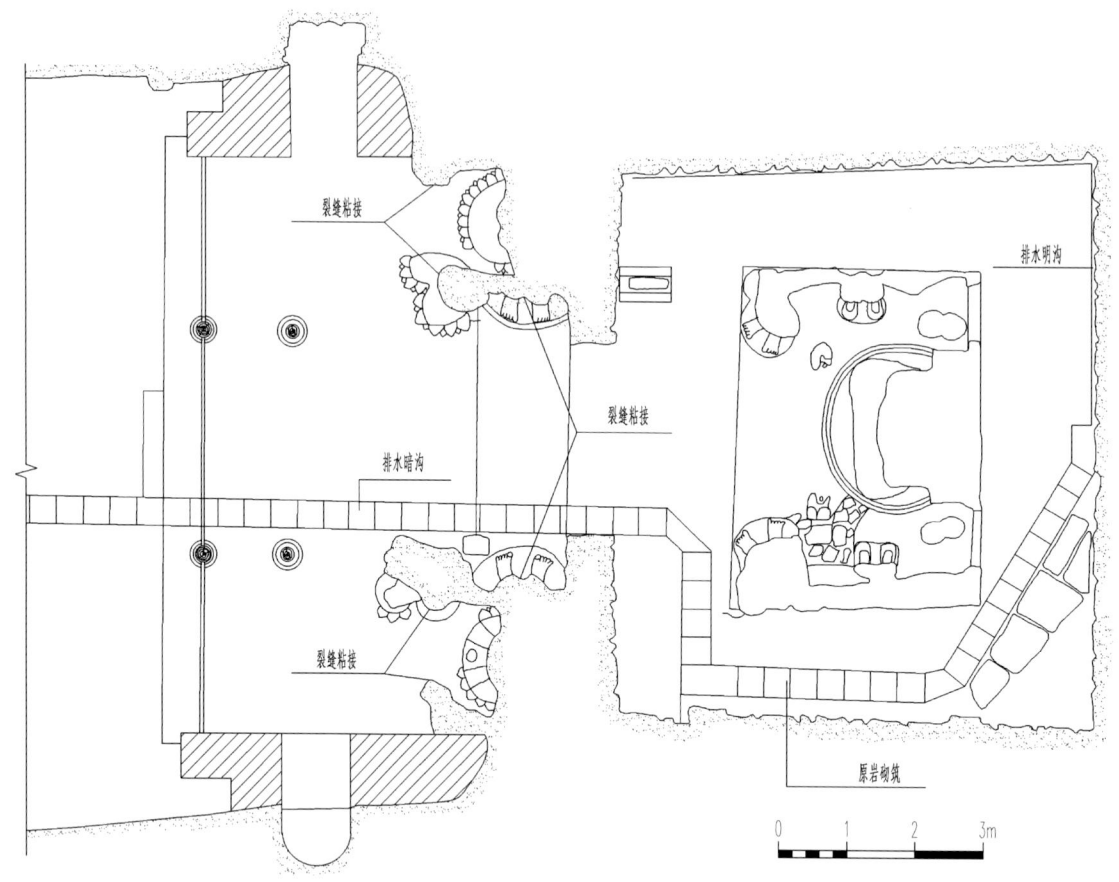

图2-6　6窟地面排水设计平面图

（资料来源：设计图）

五、7窟外部保护设计（图2-7～图2-9）

根据工程勘察的实际情况，为了有效保护刻经等文物，清代砌筑石券面予以清除，从目前保存下来的石窟窟檐来看，原窟檐是一座仿木结构、庑殿顶的石窟檐，面阔三间。次间两端石柱保存完整，明间有一根石柱上半部已断，另一根石柱已毁坏。经实测，次间两端石柱的大小和形式相同。明间石柱为八角覆莲式石柱。在柱子上方保留有完整的石雕圆椽，窟檐北端还有一段保存完整的石雕瓦陇，其正脊、戗脊、筒瓦和板瓦保存完好。

但为了最大限度地保护石窟原貌，本次设计不考虑复原石窟檐，而是保留原石窟檐的遗存和遗迹，在原窟檐之上，根据岩体走向，用轻质钢筋混凝土做仿岩石窟檐，使新做的窟檐与石窟岩体环境相协调，与岩体融为一体。

图 2-7　7 窟保护设计立面图
（资料来源：设计图）

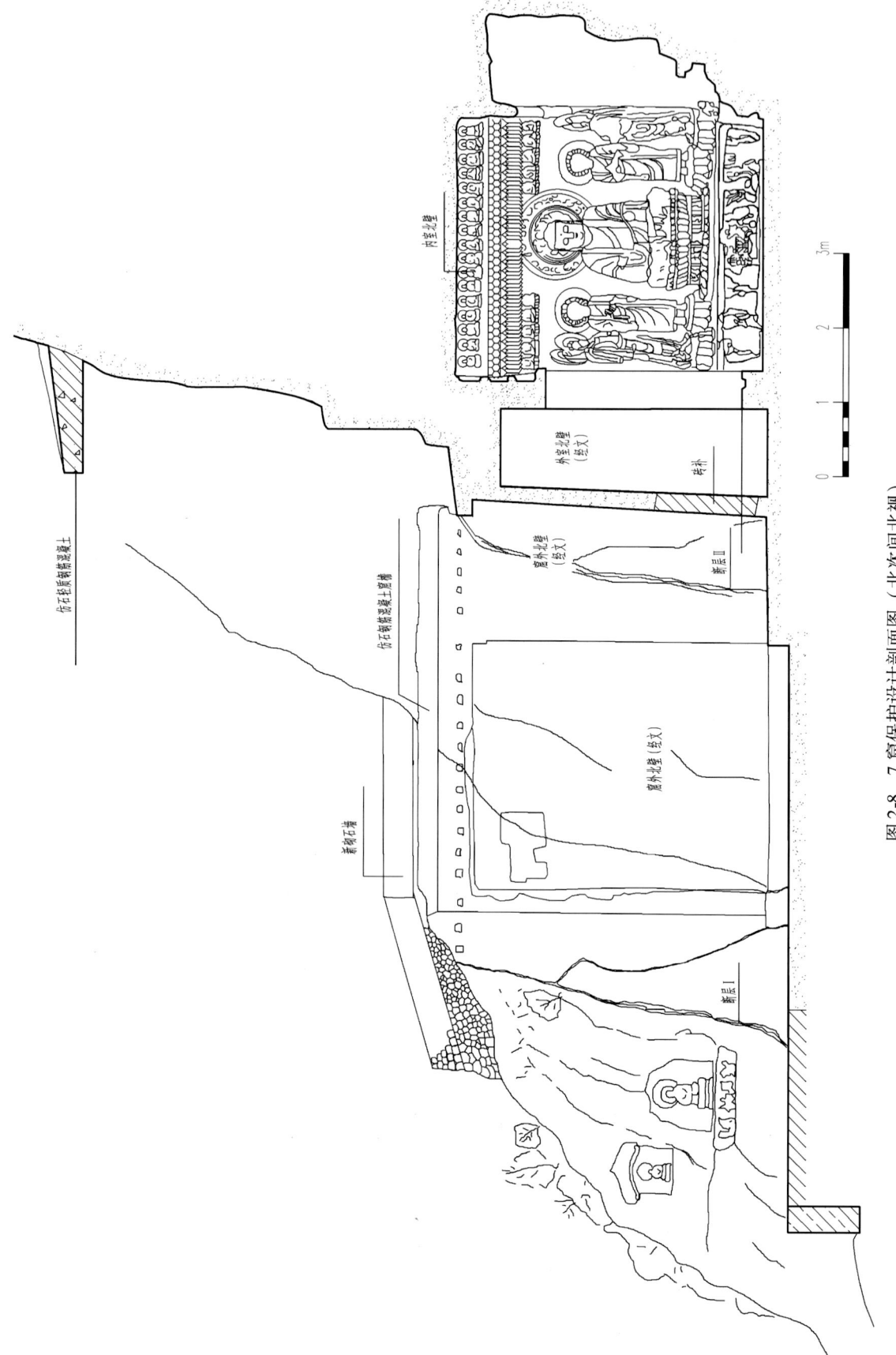

图 2-8　7 窟保护设计剖面图（北次间北视）
（资料来源：设计图）

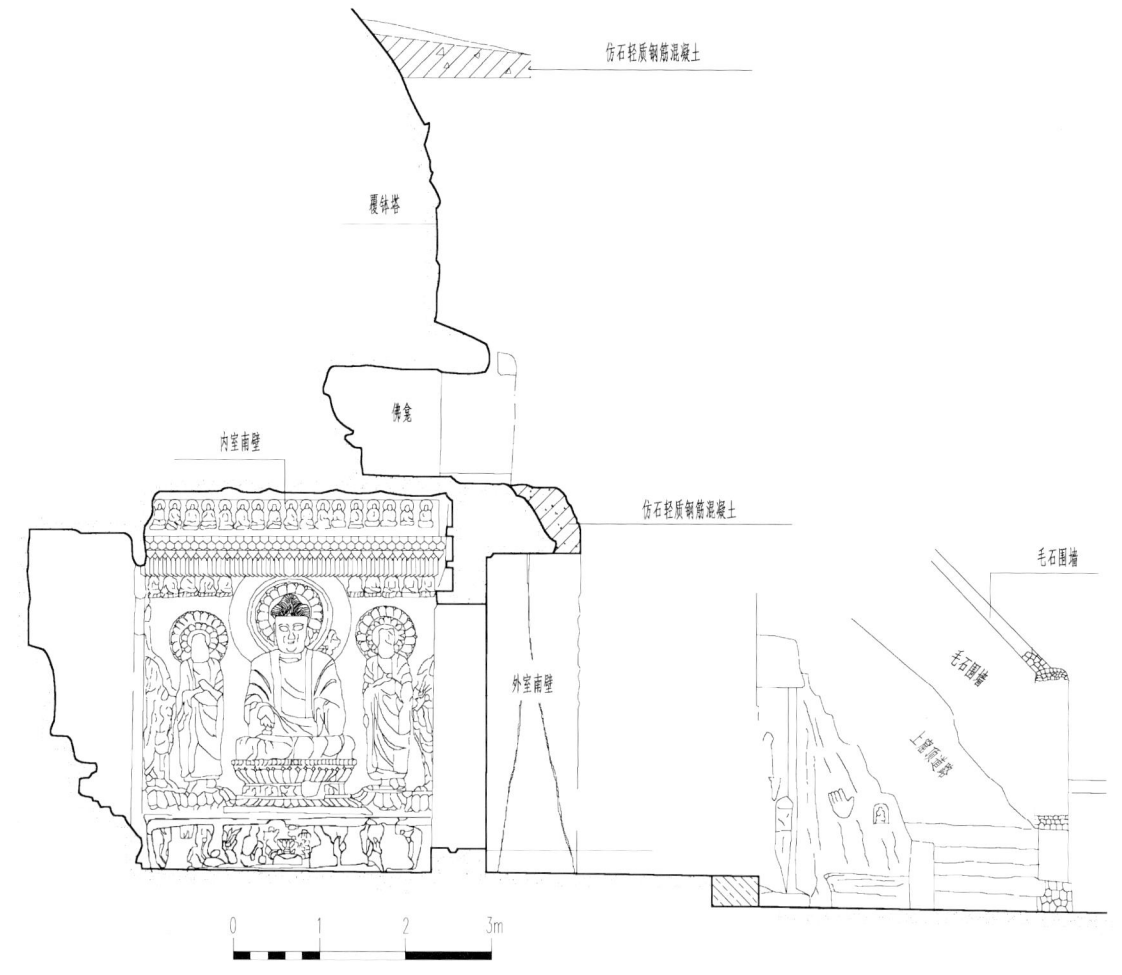

图 2-9　7 窟保护设计剖面图（明间南视）

（资料来源：设计图）

六、窟区环境治理

拆除窟区内的厕所、临时库房及杂乱堆砌物。根据窟区环境，统筹安排库区内的附属设施。尤其是 7 窟前的近期临时建筑物。统筹考虑窟前地面的铺设和保护围墙的建造，改建窟前现有围墙，降低高度至相对内部地面 1.7m 以下。以保持窟区内环境的协调一致。

第三章 设计内容变更与研究[19]

原设计方案主要内容概括为六项:

(1) 危岩体锚杆加固;

(2) 不稳定岩块清除;

(3) 破碎岩体的粘结加固;

(4) 治水工程(以解决窟内积水为主,适当清除构造裂隙中的淤泥,表面用灰岩块体砌筑封堵);

(5) 7窟外部保护设计(清除清代砌筑石券,做轻质钢筋混凝土保护棚);

(6) 窟区环境治理(统筹考虑窟前地面的铺设和保护围墙的建造)。

原设计整体合理,保护原则正确,采取措施可行,但随着工程实施,现场出现了一些新的情况,又有一些新的发现,需对这些内容进行必要的变更。对于工程实施过程中的小项变更(如锚杆位置、长度等),根据现场实际情况,按照专家现场检查工作时的意见,形成变更申请表,报请河北省古代建筑保护研究所审批执行。对于较大项目的变更,按照《文物保护工程管理办法》,重新制定保护方案,履行报批程序,待国家文物局批复后实施。

此章涉及内容主要是较大的设计变更,包括两项内容,即设计补充和设计调整,属于补充内容主要是6窟正上方覆钵以上部分,主要包括覆钵、山花蕉叶,塔刹,以及上部规整砌石,属于调整内容主要是7窟外部保护设计,包括清代砌筑石券和保护棚。

第一节 变更原因及研究

随着工程进行,6窟正上方发现较多原设计未涉及到的内容(图3-1),需进行全面加固保护。

7窟拆除清代石券、做轻质混凝土窟檐的保护方案在实施时存在一些技术问题,经现场多次勘察分析,校核设计内容,并经专家现场研究讨论,确定全面保留石窟历史信息,进行局部调整,这种调整取决于保护技术与保护理念。

---

[19] 本节内容主要根据2004年1月河北省古代建筑保护研究所设计补充、调整方案和批复后制订的补充说明内容整理,顺序略作调整,内容略有删节。

首先，原设计在保护技术上不可行，刻经洞原设计悬壁轻质钢筋混凝土窟檐技术上无法实现（图3-2），主要是因为上层岩体破碎程度高，悬壁结构的窟檐内部位于7窟窟顶以下，无法锚固。另外，石窟全面揭示后，前廊岩壁较薄，个别不到100mm厚，而面积大，且岩壁存在多条裂隙（图3-3），如拆除石券，其后期保护在技术上存在一定难度，尤其是拆除石券后，风吹、日晒问题仍无法解决。

图3-1　6窟加固前立面文物遗迹

其次，文物保护理念的发展，对清代石券（图3-4）、近代后做焦渣顶的作用，从多方面认识：其一，石券是清代乾隆时期[20]百姓维修石窟的历史见证，是一段历史信息的实物遗存，这种设施是当时百姓宗教信仰的产物，代表了当时人们对石窟保护的认识。而我们所要进行的加固保护，是要尽可能多地保存各个时期有价值的痕迹，全面保护石窟的历史信息。其二，砌券者是当时的善男信女，出发点是保护佛像，对岩壁刻经造成一定的破坏，其上焦渣顶对前廊廊顶直接叠压，不利于前廊顶的稳定；其三，石券对刻经岩壁起到了积极的支挡作用，石券及其上焦渣顶对部分碑文起到了防雨、防晒作用。

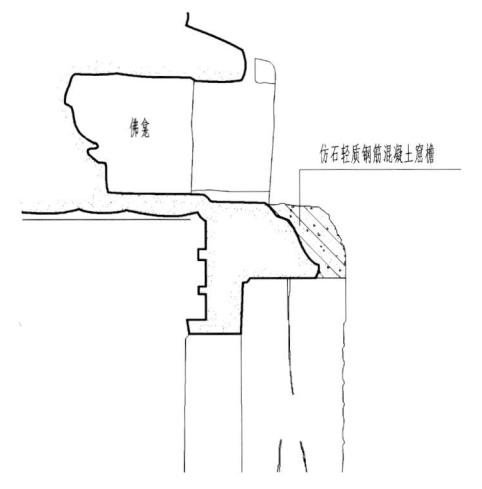

图3-2　7窟原设计窟檐

（资料来源：设计图）

图3-3　7窟前廊岩壁

---

[20] 见刻经洞二层左侧石碑"创修券阁誌"，碑中记载当地善男信女"發石券三間，盤石鞏固，建樓閣台刹，烏革翬飛……乾隆元年歲次丙辰暑月拾玖日吉旦 立"，此碑为公元1736年6月19日为记述发券、建阁而立，券至今犹存，而阁只能在1936年日人拍摄的照片中看到一点遗迹。

图 3-4 刻经洞历史照片

（资料来源：《响堂山石窟——流失海外石刻造像研究》第 1 页，原照片采自水野清一、长广敏雄《河北磁县·河南武安响堂山石窟》，当摄于 1936 年）

图 3-5 南响堂石窟保护棚

对于 7 窟的保护，南响堂石窟临时保护棚可资借鉴，南响堂石窟保护棚（图 3-5），1993 年建成，采用钢结构圆柱、工字钢梁支撑，玻璃钢纤维屋面板，建成后的 11 年中（对于 2004 年而言）确实起到了防日晒、雨雪、粉尘等保护作用，但石窟全部揭露后，岩体风化仍在继续，且日渐严重。

基于以上认识，在全面保存历史信息的保护理念指导下，调整保护思路，经过多次现场考察分析[21]，征求有关专家意见，最终形成由全部拆除石券调整为揭顶维修，轻质混凝土窟檐（保护棚）调整为北壁、东壁做轻钢结构保护棚的保护方案，经过重新报审，国家文物局批复同意后实施。

对 6 窟保护内容进行补充，对 7 窟保护方案进行调整，保护原则与原设计一致，具体内容如下。

---

[21] 对于刻经洞的保护，前后进行过多次调整，详见附录三：刻经洞加固保护方案调整过程。

第二节 变 更 内 容

一、6窟补充内容（图3-6、图3-7）

1. 锚杆加固

对覆钵与砌石中间段塔形岩体，采用全长粘结型树根锚杆加固，锚杆的作用主要是提供托力、加大原岩体的承载力，承托上部砌石荷载。锚杆长 $L = L_f + L_a$，L_f 取砌石厚度，L_a 一般取 $1 \sim 1.5 \mathrm{m}$，锚杆孔径 60mm，杆径 25mm，孔内注水泥砂浆，采用普通硅酸盐水泥，灰砂比 1:1，水灰比 1:0.39，锚杆采用 16Mn 螺纹锚材，封孔后作旧处理，外观与周边岩体协调。锚杆位置、数量根据岩体实际情况确定，为区别于原设计锚杆，表达为 Ⅲ 型锚杆。

锚杆编号为 BM6-×，共设 7 根，在塔刹北侧立壁面砌石悬空处设 3 根，塔刹南侧悬空处设 1 根，这 4 根锚杆主要起承托作用；在立壁南上角部位置设置 3 根，主要起到承托、别住砌石作用。

2. 粘接加固

主要为山花蕉叶部分、覆钵部分、砌石部分，能取下则取下粘接加固，配比为：E-44

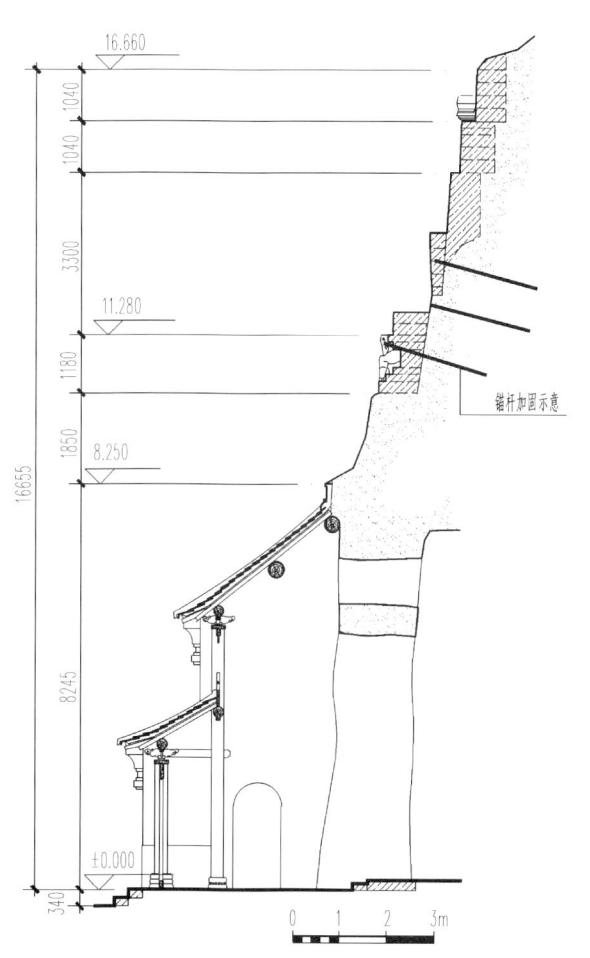

图3-6　6窟补充加固剖面图
（资料来源：补充调整设计图）

环氧树脂:聚酰胺树脂:乙二胺:化石粉 = 100:30:6~8:80；对所有小裂隙进行环氧树脂注浆加固，配比为：E-44 环氧树脂:聚酰胺树脂:丙酮:滑石粉:乙二胺 = 100:20:30:35:6。对较大裂隙用水泥砂浆（普通硅酸盐水泥，灰砂比 1:1，水灰比 1:0.5~0.7）注浆填充裂隙，直径 16mm 树脂小锚钉加固。

3. 杂草、树木等堆积物清理

6窟外立面山坡上杂草、乱石（部分为山上掉石，部分为砌石塌落）堆积较多，加固前先

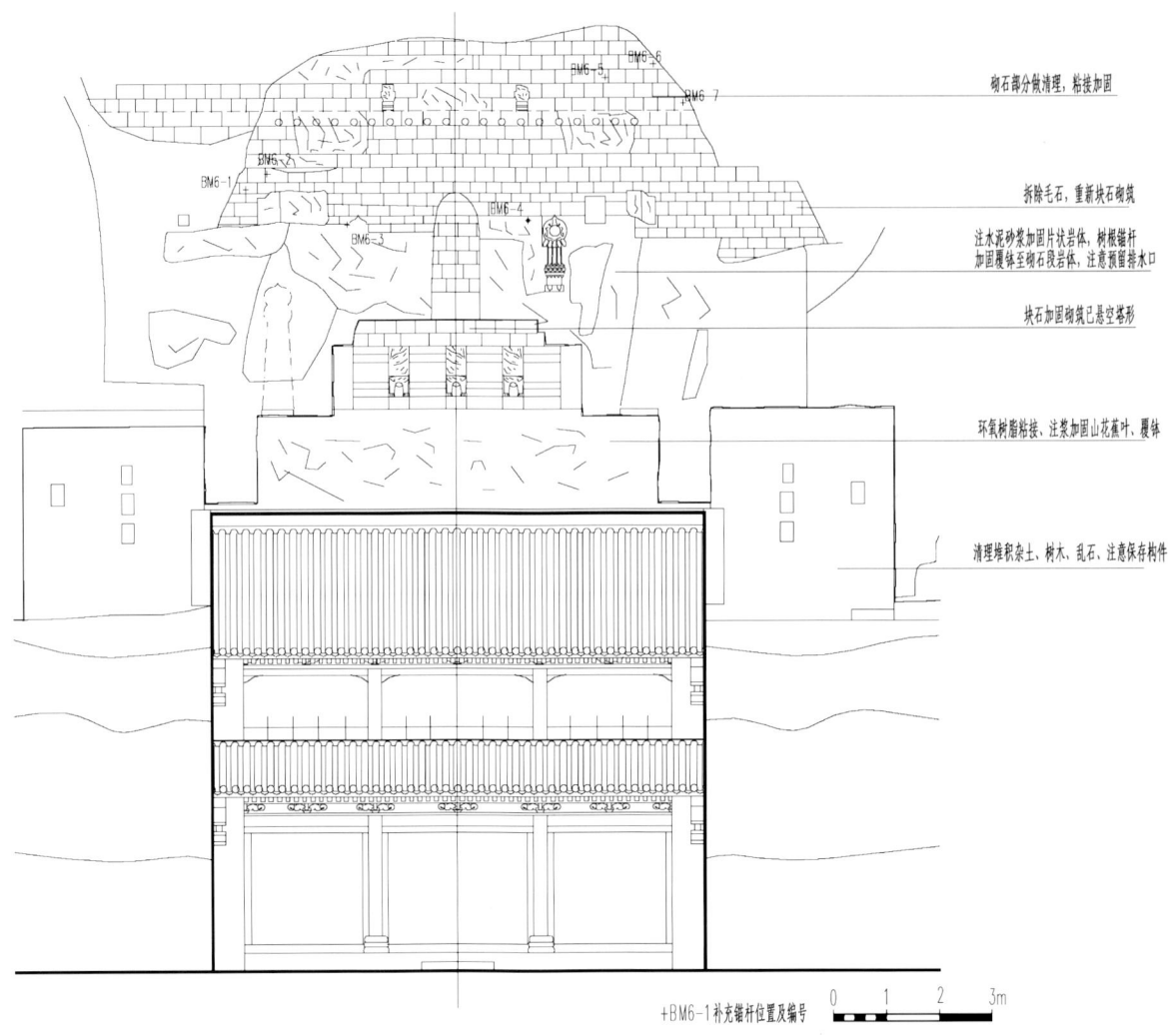

图 3-7　6 窟补充加固设计立面图

（资料来源：补充调整设计图）

进行清理，对影响窟立面的树木全面清理，整体展示窟形外立面。清理时注意有纹饰残件的收集。杂草、树木采用人工清除，进入裂隙的树根，人工尽最大努力清除，再用水泥砂浆、白灰封堵。杂草、树木的清除是一项长期的工作，需多次清除。

4. 砌补加固

对缺损严重、影响结构安全的部位、悬空部位用 M10 水泥砂浆砌筑支护。

5. 排水

对塔形顶部的树木适当清除，尽最大可能利用原排水体系，考虑排水措施，部分做混凝土沟槽两侧导水。总的原则是保证水不直接冲刷塔形。

二、7 窟调整内容

1. 粘接加固

对所有小裂隙、片状岩体加固同 6 窟。对残存已松动瓦陇，清理后粘接，根据情况可用锚钉加固。

2. 保护棚（图 3-8、图 3-9）

主要保护外立面北壁刻经、东壁塔形、残存勾滴等。

北壁做悬挑保护棚，出檐 2m，保护棚采用轻钢结构。屋架形式为三角形单坡，材料选用"L"形角钢焊接，垂直边通过螺栓锚入岩体内，做好轻钢屋架的油漆防腐；檩条采用"C"型轻钢檩；屋面板采用钢板瓦，其材料为波形灰色压型钢板，坡度 10%，屋面板在顺坡方向为一整体，不搭接，左右搭接宽度大于板宽的 1/2；屋架下设同质材料吊顶，前面檐下、侧面"三角"用钢板封护，减少大风的影响；屋面板与岩壁接触处，在上面做 150mm 宽钢板条封护，钢板条钉于岩壁上，空隙用环氧腻子封堵，做好防水。

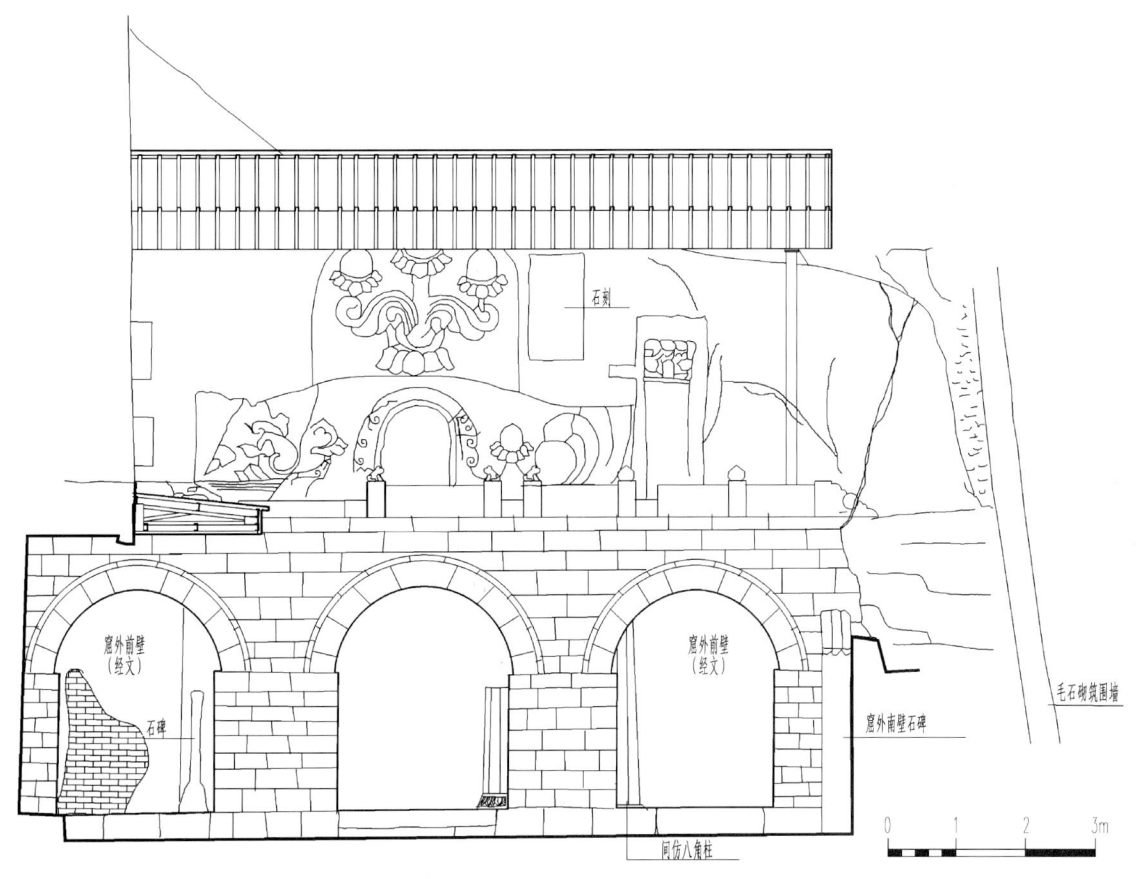

图 3-8　7 窟调整加固设计立面图

（资料来源：补充调整设计图）

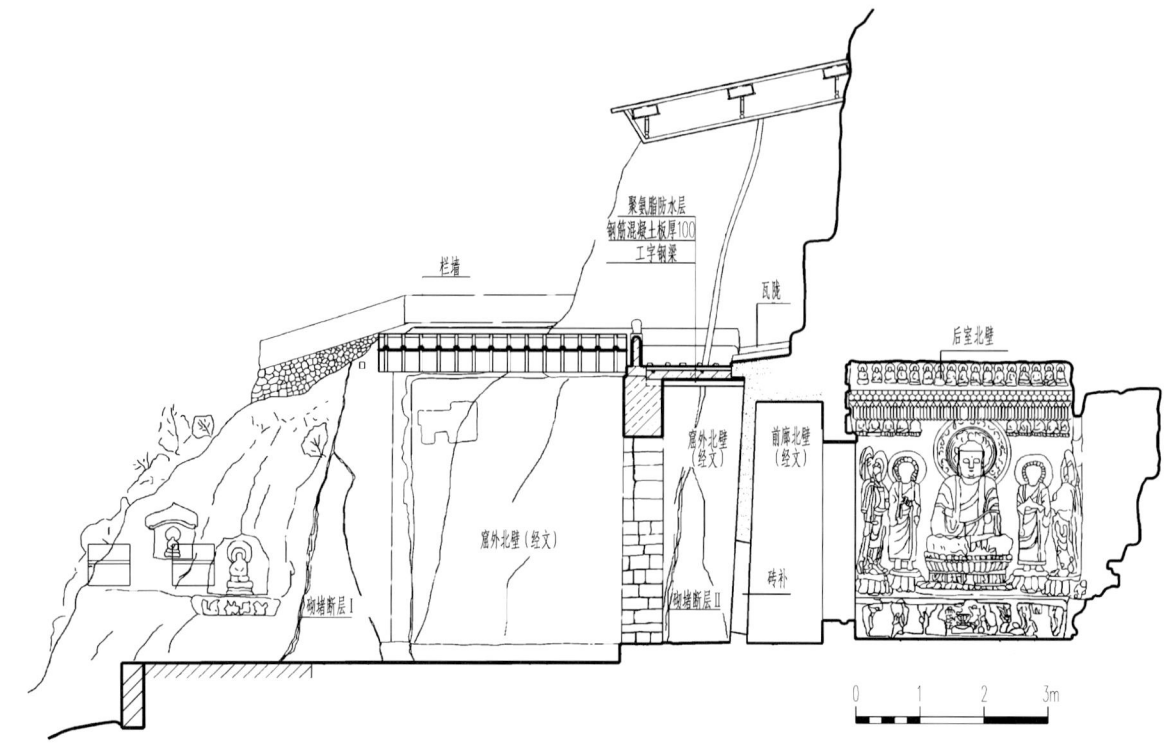

图 3-9　7 窟调整加固设计剖面图

（资料来源：补充调整设计图）

东壁（正壁）二层做四面简支保护棚，出檐 4m，盖住一层券檐，保护棚采用轻钢结构。在石券西南角设一根钢柱，柱顶设东西向桁架式钢梁，东端锚入岩体内，梁上设南北向"T"型桁架檩条三道，檩北端锚入北壁岩体，屋面板同北壁，坡度适当增大，亦做吊顶封护。

保护棚原则要求，屋面灰色不起亮，要多种比较，外观与石窟协调，屋架精细，制作细致。

3. 前廊石券及混凝土顶（图 3-9）

对原石券不再整体拆除，只拆除木梁、石梁及混凝土顶，揭顶后视情况用锚杆（钉）加固前廊顶板；现浇 100mm 厚 C20 钢筋混凝土板悬挑板、简支板，原则是板不再对前廊产生叠压关系，板上做聚胺脂防水，上铺片状石板，要求石板为手工制作，厚度 50~80mm，块度不小于 200mm，板缝 10~15mm，随石板形状拼接，与石窟外观协调。

同时拆砌归安清代栏望，整修登道台阶踏步，保持外观协调。

4. 防水、排水

以排为主，排堵结合。二层东面岩体上做毛石排水沟，将山坡水引到南侧围墙外；二层南面大裂隙用 1:1 水泥砂浆封堵、灌注加固，同样毛石砌筑排水沟，引水出围墙；北面两道大裂隙用料石砌筑封堵，裂隙内注浆，岩体上砌排水沟引水向北侧排引。起到防止雨水直接冲刷岩壁、流入窟内的作用。

第四章　加固保护工程施工技术

加固保护工程施工技术是工程质量的核心，在详细勘察的基础上，加固保护工程全面展开。整个施工过程严格遵守中华人民共和国文物保护法"不改变文物原状"的原则和方案确立的总体加固保护思路，严格遵守中国文物古迹保护准则的保护原则，施工中每一工序严格按相关规范进行。施工中严格依据以下法律法规和设计文件、批复意见。

（1）《中华人民共和国文物保护法》、《中华人民共和国文物保护法实施条例》。

（2）《文物保护工程管理办法》。

（3）《纪念建筑、古建筑、石窟寺等修缮工程管理办法》。

（4）《中国文物古迹保护准则》、《关于〈中国文物古迹保护准则〉及其若干重要问题的阐述》。

（5）《北响堂山石窟加固工程勘察报告》、《北响堂山石窟加固工程设计方案》、《邯郸市峰峰区北响堂寺石窟危岩体锚杆设计》、《北响堂石窟加固保护工程6、7窟设计补充调整方案》及《补充说明》。

（6）国家文物局、河北省文物局关于工程的批复意见。

第一节　危岩体锚杆加固

一、锚杆试验

按文物保护工程要求和锚杆工程要求，在正式施工前，需进行锚杆拉拔试验，确定在该地质条件下的抗拔力或单位长度锚杆的抗拔力，评估和预试该种设计指标和施工条件下的锚杆系统是否达到对窟体的锚固作用。试验地点选在6、7窟间平坦并具有陡立岩体壁面的地段，该地段与北响堂石窟岩体斜坡岩体、地层、岩性、产状和风化程度基本一致，具有一定代表性。共设Ⅱ型锚杆6根，间距0.8~1.5m。试验结果与设计选用参数基本一致，也说明Ⅱ型锚杆锚固段长度取2m能保证锚固效果，达到预期目的[22]。据此推算Ⅰ型锚杆锚固段长度取2.6m也是合理的。

设计方案中存在个别Ⅰ型锚杆锚固段不足2.6m，Ⅱ型锚杆锚固段不足2m的锚杆，主要是

---

[22] 锚杆拉拔试验报告作为附录附后。

6窟莲柱Ⅱ型锚杆，6窟6-4、6-5号危体Ⅰ型锚杆及7窟7-1号危岩体Ⅰ型锚杆。根据现场情况，此类锚杆锚固危岩多为片状，经计算能起到锚固作用，故长度不再进行调整。因其做法分别与Ⅰ、Ⅱ型锚杆完全相同，为与设计文件统一，不再单列类型，按做法仍将其归入Ⅰ、Ⅱ型锚杆类型（施工后加＊号注明）。对于Ⅲ型锚杆，按补充设计确定。

二、设计内容校核

根据细化内容，依据锚杆拉拔试验结果，按《锚杆喷射混凝土支护技术规范》（GB50086-2001），校核锚杆锚固力，在岩石砂浆锚杆中，锚固力取决于锚杆杆体的材料的强度，锚杆试验结果再次证明了这一点。

（1）锚杆长度公式

锚杆长度公式为 $L = L_f + L_a$，

式中：

L_f——非锚固段长度（m），按危岩体外面与稳定岩体的实际距离确定，一般为危岩体到裂隙的距离；

L_a——锚固段长度（m），长度由下列公式取其中大值确定：

$$L_a = \frac{KN_t}{\pi D q_r}, \qquad L_a = \frac{KN_t}{n\pi d \xi q_s},$$

式中：

K——锚杆安全系数，永久锚杆按规范取为2.2；

N_t——锚杆轴向拉力设计值，根据钢筋直径，查表得 $\phi25$ 锚杆为152kN，$\phi32$ 锚杆为249kN；

d——锚杆直径；Ⅰ型为25mm，Ⅱ型为32mm，Ⅲ型为25mm；

D——锚孔直径；Ⅰ型为43mm，Ⅱ型为80mm，Ⅲ型为60mm；

q_r——水泥结石体与岩石孔壁间粘接强度设计值，由实验得出为1.21；

q_s——水泥结石体与钢筋之间粘接强度设计值，由实验得出为2.08；

ξ——采用2根或2根以上钢筋时界面粘接强度降低系数。一般取0.60～0.85，本工程每孔设一根锚杆，取1.0。

对于Ⅱ型锚杆：

$$L_a = \frac{KN_t}{\pi D q_r} = \frac{2.2 \times 152}{3.14 \times 43 \times 1.21} = 2.05 \text{m},$$

$$L_a = \frac{KN_t}{n\pi d \xi q_s} = \frac{2.2 \times 152}{1 \times 3.14 \times 25 \times 1 \times 2.08} = 2.05 \text{m}, \text{ 所以 } L_a = 2.0 \text{m}。$$

同样，校核Ⅰ型锚杆，得出 $L_a = 2.6$m，与设计相符。

(2) 对滑移破坏，按平面滑动法，危岩最小锚固力 P_A 计算

考虑裂隙水压力、地震力，先做稳定性校核（图 4-1）：

$$K = \frac{CS + [G\cos\beta - (F_{地} + F_{水})\sin\beta]\text{tg}\phi}{G\sin\beta + (F_{地} + F_{水})\cos\beta} \leqslant [K_S],$$

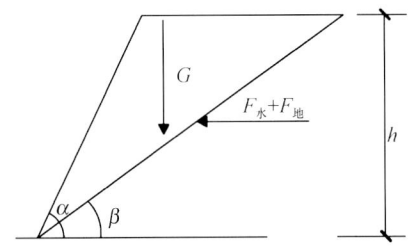
图 4-1 计算简图

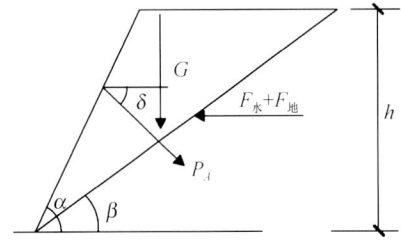
图 4-2 计算简图

如 K 满足要求，则不设锚杆（按规范要求，$[K_S]$ 在本工程中取为 1.5）。

如 K 不满足要求，则考虑设锚杆加固。按如下方法计算（图 4-2）：

$$K = \frac{CS + [G\cos\beta - (F_{地} + F_{水})\sin\beta + P_A\sin(\beta+\delta)]\text{tg}\phi}{G\sin\beta + (F_{地} + F_{水})\cos\beta - P_A\cos(\beta+\delta)} \leqslant [K_S],$$

推导出：

$$P_A = \frac{G([K_S]\sin\beta - \cos\beta\text{tg}\phi) + (F_{地} + F_{水})([K_S]\cos\beta + \sin\beta\text{tg}\phi) - CS}{[K_S]\cos(\beta+\delta) + \sin(\beta+\delta)\text{tg}\phi},$$

以上各式中：

P_A——锚杆锚固力；

K_S——危岩体稳定系数；

G——危岩体自重；

C——滑动面粘接力（20kPa）；

ϕ——滑动面内摩擦角（30°）；

S——岩体面积；

$F_{水}$——裂隙水产生压力

$(F_{水} = 1/2\rho_{水} h^2 l_{岩})$；

$F_{地}$——地震力（$F_{地} = a_1 G$）；

α_1——地震系数；

α——边坡倾角；

β——岩体倾角；

δ——锚杆倾角。

(3) 对倾倒破坏，按力矩平衡法，危岩最小锚固力 P_A 计算（图 4-3）

$$K = \frac{\text{抗倾覆力矩}}{\text{倾覆力矩}},$$

$$K = \frac{P_A h_t(\cos(\beta+\delta) + \sin(\beta+\delta)\text{tg}\phi) + 1/2Gb}{1/6F_{水} h^2 + 1/2F_{地} h} \leqslant [K_S],$$

推导出：

$$P_A = \frac{[K_S](1/6F_{水} h^2 + 1/2F_{地} h) - 1/2Gb}{h_t(\cos(\beta+\delta) + \sin(\beta+\delta)\text{tg}\phi)},$$

（h_t 为锚杆位置到取矩点距离）。

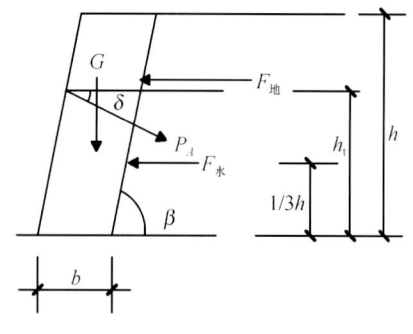

图 4-3　计算简图

（4）锚杆根数

$$n = \frac{P_A}{N_t},$$

根据以上公式，根据现场情况，对锚杆设计方案进行重新校核、充实完善，确定施工调整后的锚杆数量、长度、倾角、方位角等，进行具体实施。

三、锚杆实施总体情况

砂浆钢筋锚杆在矿山、水利、铁路隧道上应用已是极为广泛，锚杆用于文物保护工程，强调牢固、长久，其用于石窟保护维修，始于1961年开始的云冈石窟的维修，当时采用楔缝式钢筋锚杆，锚杆施加拉力后，出现微小位移，主要原因是受力点太小，无锚固剂作保护层，钢筋易锈蚀。

1971年，龙门石窟奉先寺维修加固时，采用环氧树脂或水泥砂浆作为锚固剂，危岩体与稳定岩体被锚固在一起，提高了破碎岩块的整体稳定性，锚杆在全长范围平均受力，增加了锚固强度，此种锚杆称为全长粘接型锚杆。同时，石窟加固采用的砂浆锚杆既要满足加固的结构要求，又要淡化外观，尽可能减少对石窟外观的影响，保持其协调的风貌。

北响堂石窟加固采用这种全长粘接型锚杆，结合文物保护工程特点，将锚板按要求埋入岩体内，锚孔最后用砂浆或素混凝土封孔并进行作旧处理，保持锚孔外观与周边岩体的协调统一。

石窟危岩的加固施工不同于一般基本建设工程中的锚杆加固，是一项特殊专业工程，锚杆设计在施工中变动性大，主要因为设计阶段未搭设脚手架，设计只是一个大的原则设计或称方案设计，裂隙走向不精确，在施工过程中，搭设脚手架后，经过实际放线测算，与设计有一定出入，具体在施工中以设计方案作为原则要求，施工现场做出施工变更，明确锚杆长度、倾角、方位角，以符合设计原则，此变更作为锚杆施工的依据，但施工中仍有个别锚杆进行调整，如Ⅰ型锚杆锚固段长度要保证不小于2.6m，即锚杆穿透裂隙后不小于2.6m，这要根据施工记录裂隙位置确定锚杆总长度。

北响堂石窟锚杆加固的主要目的是治理卸荷裂隙引起的危岩体，将危岩体与后部稳定岩体连接起来，充分发挥岩体自身能力，提高岩体的稳定性。

根据锚杆设计方案进行施工细化调整，同时按新规范校核原设计内容。原设计提出"Ⅰ型锚杆直径为φ32mm。采用16Mn 螺纹钢材。开孔孔径130mm，然后以80～100mm 口径至孔底"，结合工程实际，确定"Ⅰ型锚杆直径为φ32mm。采用16Mn 螺纹钢材。开孔采用人工开口，开口为200mm×200mm方孔，深100～150mm，锚板调整为200mm×200mm×10mm，然后以

φ80mm锚孔到底。"

原设计提出"Ⅱ型锚杆非锚固段蘸有沥青,沥青厚度以盖平螺纹为宜。蘸沥青时把锚杆首端的紧固螺丝纹用塑料纸缠住,作为保护层,待拧紧固螺帽时再去掉。Ⅱ型锚杆钻孔直径为φ43mm,锚杆直径φ25mm,亦用16Mn螺纹钢材",根据规范锚杆类型,设计方案中的锚杆为全长粘接型锚杆,故取消蘸沥青做法,开口直径φ60mm,深100mm,锚孔直径为φ43mm,锚杆直径φ25mm,亦用16Mn螺纹钢材。注浆材料按设计要求"灰砂比为1:1,水灰比为0.39,采用过筛后的中砂,强度等级32.5的普通硅酸盐水泥"[23]。同时根据当地实际施工条件,将螺栓固定锚板调整为焊接连接锚板。

另外,6窟立面砌石部分增加7根锚杆,下部4根主要起到支托悬挑上部砌石的作用,左侧3根主要起到稳定砌石向外侧移的作用,按6窟锚杆补充设计内容,称为Ⅲ型锚杆,此锚杆锚孔直径为φ60mm,锚杆直径φ25mm,亦用16Mn螺纹钢材。注浆材料与Ⅰ、Ⅱ型锚杆相同。

四、锚杆实施部位

脚手架搭设后,按照设计方案,重新进行测量,补查,对裂隙分布情况进行分析,认真核准设计提出的危岩体,根据分析结果调整、补充锚杆设计。具体采用锚杆加固的部位以设计方案为准,所涉及部位不少于原设计方案,数量较设计方案均有增加,工程施工后统计共实施Ⅰ型锚杆51根335.75m,Ⅱ型锚杆46根140.09m,6窟立面Ⅲ型锚杆7根22.2m,较原设计增加Ⅰ型锚杆17根124m,Ⅱ型锚杆6根2m,补充增加Ⅲ型锚杆7根22.2m(详见附录四:北响堂石窟加固保护工程锚杆设计、变更、施工对比统计表)。

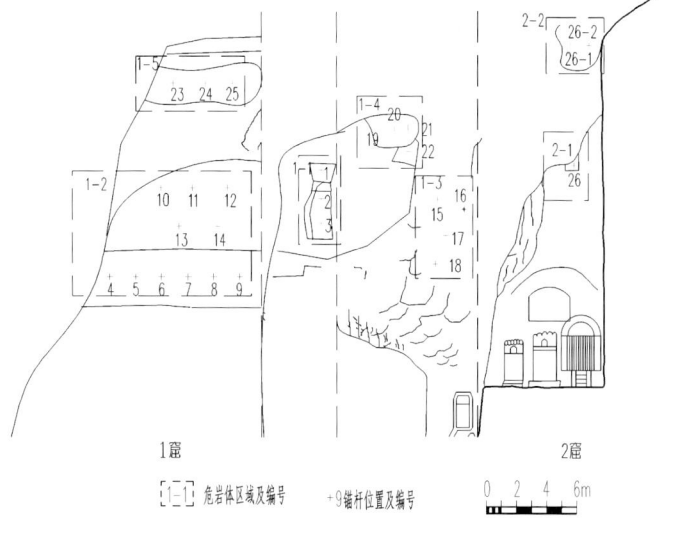

图4-4 1~2窟锚杆调整后分布图

经过调整后的锚杆具体实施部位如下:

1. 1~2窟锚杆

因调整较多,对原危岩体、锚杆重新编号,表述如下(图4-4):

1-1危岩体。处于1号窟门上方陡崖顶端。危岩体底部为岩层层面,已成半凌空状态,体

---

[23] 此表达方法水泥强度等级为1999年规范要求,相当于1992年规范中的425号普通硅酸盐水泥。

积 0.6m×1.5m×3.5m，设 3m Ⅱ型锚杆 3 根，编号为 1、2、3。

1-2 危岩体。1-2 危岩体上部为一不稳定滑体，体积 3.5m×5m×6m，上部设 7.1m Ⅰ型锚杆 5 根，编号 10～14；下部设 4.5m Ⅱ型锚杆 5 根，编号 4～8；4.4m Ⅱ型锚杆 1 根，编号为 9。

1-3 危岩体。危岩体在岩溶裂隙下部左侧，上大下小，成 60°节理斜面下滑，设 4.2m Ⅱ型锚杆 4 根，编号 15～18。

1-4 危岩体。该危岩体位于溶蚀裂隙上端，顶部为陡崖顶端地面。呈半悬空状，底部为层面，体积 1.6m×2.5m×3m，设 6.1m Ⅰ型锚杆 3 根，编号 19～21；其下部岩体支托 1-4 号危岩体，设 3m Ⅱ型锚杆 1 根，编号 22。

1-5 危岩体。位于 1-4 危岩体左面同一高度，体积 3m×3m×2m，与原设计同，设 7.1m Ⅰ型锚杆 3 根，编号为 23～25。

2-1 危岩体。原编号 2-1 所指岩体稳定，重定义编号 2-1 危岩体，位于 2 号石窟寺门正上方 16m 处，体积 0.5m×1m×0.7m，设 1.5m Ⅱ型锚杆 1 根，编号为 26。

2-2 危岩体。原未设，位于 2-1 上 5m 处，有滑移趋势，体积 2m×1.5m×0.7m，设 2.5m Ⅱ型锚杆 2 根，编号为 26-1、26-2。

2. 3 窟锚杆

27～32 号锚杆按设计，33～40 号锚杆向上统一移动 1.5m。即"在窟门口上方高于窟顶拱 1.5m 设一排 8 根 Ⅰ型锚杆"调整为"在窟门口上方高于窟顶拱 3.0m 设一排 8 根 Ⅰ型锚杆"（图4-5），原因是因为上排锚杆如按设计要求的倾角，可能会打穿 3 窟窟顶。

图 4-5　3 窟锚杆调整后分布图

3. 4～6 窟锚杆[24]

4-1 危岩体按原设计，共设 10 根 Ⅰ型锚杆。

4-2 危岩体编号 51 锚杆改为 Ⅰ型锚杆，长度为 8.8m。在 4-2 危岩块北侧发现 1 危岩，增设 Ⅰ型锚杆 1 根，编为 51-1，长度为 7.5m。

4-3 危岩体为三个分离体，设 Ⅱ型锚杆 3 根，编号 52、52-1、52-2，长度均为 3m。

---

[24]　因原设计中 6 窟危岩体编号文字与图纸不符，图纸较为清楚，故此段编号采用设计图纸编号。

其下 6-1 窟龛左侧两组裂隙发育，设 4 根 I 型锚杆，编号 52-3 至 52-6，长度分别为 7.1m、8.3m、6.4m、4.2m。

6 窟内 6-1、6-2、6-3 三块危岩体锚杆按原设计。

6-4 危岩体，裂隙外侧危岩体厚 0.8~1.2m，故编号 61 至 64 锚杆长度均调整为 4m。

在其左侧 4m，6m 处又发现两块危岩体，设 II 型锚杆 4 根，编号为 63-1 至 63-4，长度分别为 4m、5m、4m、5m，倾角分别为 30°、30°、25°、25°。

在其右侧 5m 处又发现大片薄片状危岩体，设 II 型锚杆 5 根，编号为 64-1 至 64-5，长度均为 3m，倾角为 15°。

6-5 危岩体，按原设计设 I 型锚杆 3 根，编号 65 至 67，长度均为 3.7m，倾角调整为 25°、25°、30°。

6 窟砌石 13.5m 高处补充支托锚杆 4 根，长度为 2.9m、2.0m、2.6m、1.5m；在 15.5m 处增加防侧向外倾锚杆 3 根，长度均为 4.6m。定义为 III 型锚杆，此锚杆锚孔直径为 $\phi 60mm$，锚杆直径 $\phi 25mm$，亦用 16Mn 螺纹钢材。注浆材料与 I、II 型锚杆同（图 4-6）。

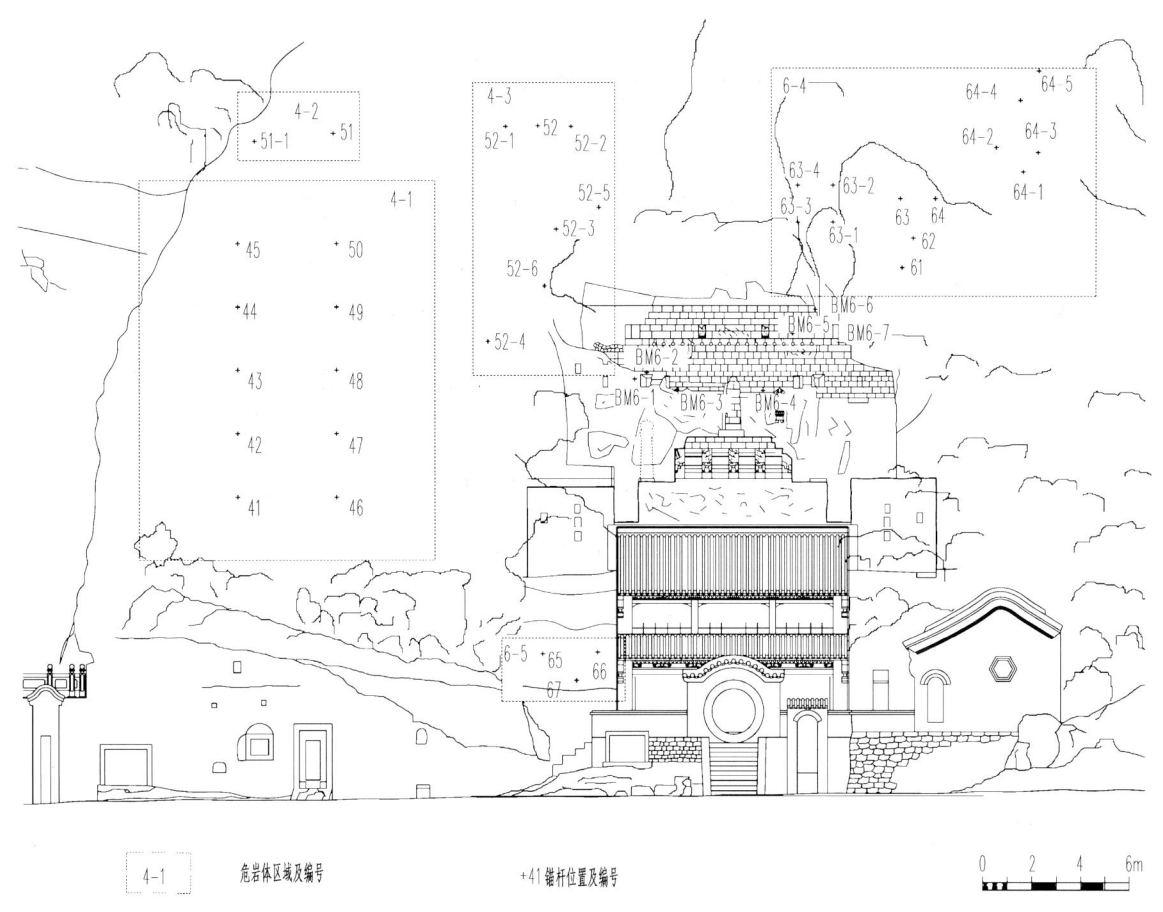

图 4-6　4~6 窟锚杆调整后分布图

4. 7窟锚杆

7-1危岩体按设计内容，7-2危岩体，位于窟门外上方15~20m左右，体积0.45m×2.0m×2.6m，另发现2m×0.4m×1.5m危岩9块，半悬空状平贴于坡面，设2.45m长Ⅱ型锚杆3根，编号为71、71-1、71-2号，4m长Ⅱ型锚杆3根，编号为71-3、71-4、71-5号。

7-3危岩体，由3块危岩构成，危岩呈分离状态，每块设2.45mⅡ型锚杆1根。其中74号危岩中心位置低于原设计位置，故下移3m（图4-7），锚杆编号72、73、74。

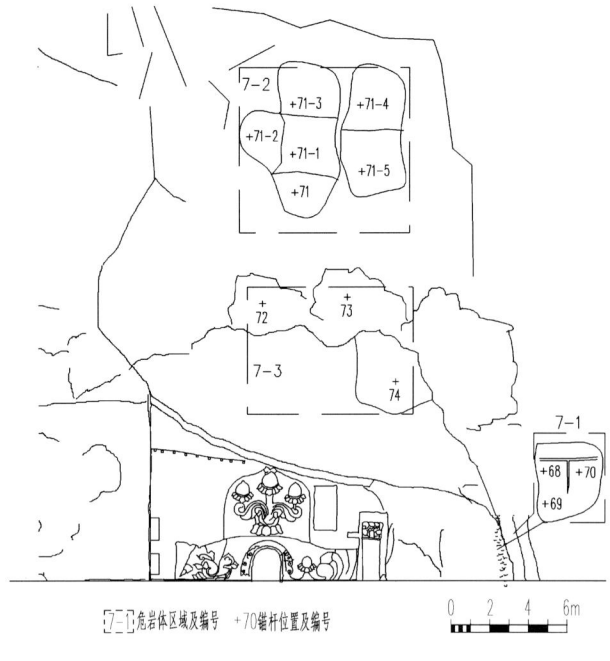

图4-7 7窟锚杆调整后分布图

第二节 锚杆锚固工程实施

本工程的大部分工程项目均需要搭设脚手架，一般在立壁岩体处脚手架可按四排外脚手架或三排外脚手架的形式进行搭设，根据设计要求，按独立洞窟进行分组，确定为1~2窟、3窟、4~6窟、7窟共四组。要求每层高度为1.2m，并保证宽度大于3m，脚手架搭设时，在山体适当位置（避开洞窟立面）打少量的锚钎进行拉结，脚手架搭到超过各窟立壁。各组脚手架设坡道、上料平台，局部设爬梯。

各窟完成脚手架搭设后，进行锚固工程实施，实施顺序包括测量放线、相关裂隙封堵、锚杆成孔、锚杆杆体制作、浆液制作、注浆、封孔作旧等工序。

一、测量放线

按调整后的设计内容，结合具体加固洞窟的内部特征及裂隙的分布情况，对洞窟、相关岩体做工程实测，保证孔位成孔时，窟顶、窟壁不被打穿，放线精度10mm。放线结果以粉笔标志在岩体上，并详细填写测量放线记录（表4-1），并细致校核，确保无误后进行钻机安装。

如在窟顶上部设锚杆，放线时对洞窟剖面进行测量放线，根据锚杆长度、倾角计算锚杆垂直投影距离，保证锚孔底部距离窟顶至少500mm（图4-8）。

表 4-1　北响堂石窟锚杆放线定位记录表

年　月　日

石窟号		孔口坐标		锚杆倾角		石窟号		孔口坐标		锚杆倾角	
锚孔编号		锚孔方位		锚杆长度		锚孔编号		锚孔方位		锚杆长度	
定位导线						定位导线					
导线号	方位	距离	倾角	基点		导线号	方位	距离	倾角	基点	
孔口描述素描图						孔口描述素描图					

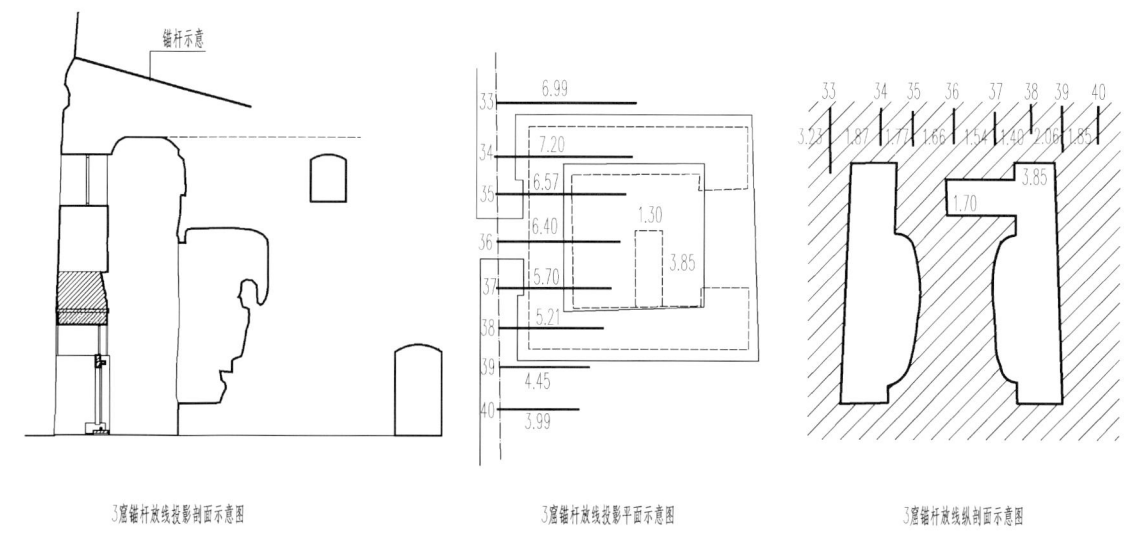

图 4-8　3 窟锚杆放线图

二、相关裂隙封堵

查找锚杆成孔可能涉及的裂隙，成孔前对裂隙进行封堵，以免漏浆后对石壁、石像等文物造成污染。根据现场情况，宽大裂隙采用素混凝土封堵，细小裂隙用水泥砂浆封堵。封堵混凝土、砂浆均加墨汁做配比实验，待干后与窟边岩体进行对比，选用最佳配比，确保实施后达到表面颜色与周边岩体协调，并略低于周边裂隙。

三、成孔施工

成孔施工关键是钻机的选择,本工程位于半山坡,大型机械无法上山,太小的机械动力又显不足,为此,经过调查,确定选用洛阳风动工具厂生产的KHYD110A型5.5kW岩石电钻成孔,采用水作冷却、除尘,本钻机重量63kg,功率5.5kW,移动方便,功率适中,成孔角度调节灵活,震动较小,能保证成孔质量和成孔时文物的安全,使成孔时对石窟的影响降到最低。

图4-9 锚杆成孔照片

Ⅰ型锚杆由石匠手工开凿200mm×200mm方孔,深100~150mm,其孔中心作为成孔时锚孔的中心。钻孔要求保证锚杆长度、方向、倾斜度。钻机定位倾角采用米尺量测水平、垂直长度,用比值换算角度的方法,避免了用罗盘量测角度误差太大的问题(罗盘磁铁与脚手架钢管吸力误差),保证了误差不大于2°,钻机定位采用脚手架扣件,保证至少6件固定,定位后将钻机稳牢、固定(图4-9)。孔深用钻杆的杆数记录,用钢卷尺校核,保证了深度误差不大于50mm。

成孔深度靠两方面控制,其一,按设计要求,其二,钻进至完整岩体Ⅰ型锚杆大于2.6m,Ⅱ型锚杆大于2m深(片状按设计要求)。Ⅰ型锚杆孔径80mm,Ⅱ型锚杆孔径43mm,孔深误差±50mm,孔壁光滑,孔眼直,检查合格后,填写成孔施工原始记录(表4-2)。成孔中产生的岩浆液用特制漏斗导出,沉积后集中处理,成孔时锚孔下压挂塑料布、彩条布,遇个别漏浆,用清水冲洗岩壁,减少污染。成孔后要及时进行清孔,清孔用焊接的掏铲进行人工掏孔,保证岩粉清除干净,并专项检查清孔质量(表4-3)。

为减少振动,保证钻孔孔壁质量,对于Ⅰ型锚孔采用了$\phi 43$mm、$\phi 60$mm、$\phi 80$mm一级成孔,二级扩孔的措施,保证了石窟的安全。为掌握钻孔内张开裂隙的分布状态,方便注浆时更有针对性,在成孔过程中重点记录了突跃性进尺、卡尺等特殊情况的位置。

表4-2 北响堂石窟加固保护工程__窟锚杆成孔施工原始记录

锚杆编号	成孔日期	孔径(mm)	方位	倾角	孔深(m)	孔口距裂隙距离	备注

施工班长: 　　　记录: 　　　质检: 　　　技术负责:

表 4-3　北响堂石窟加固保护工程__窟锚孔检查记录

孔号	成孔孔深（m）	设计孔深（m）	孔深差（m）	设计倾角	成孔倾角	倾角差	裂隙	备注

检查人：　　　　　　　　　　　　　　　　　　　检查日期：

四、锚杆制作、安装

锚杆采用 16Mn 螺纹钢现场人工制作，杆体采用钢丝刷除锈，导正架间隔 1.5m，焊接牢固，通过成孔记录，按锚孔实际深度确定锚杆长度，使杆长与孔深误差 ±50mm，安装后居中。螺纹钢使用前进行抽检送样，经检测合格后使用。

五、浆液制作

锚孔及裂隙砂浆按设计配比，灰砂比 1∶1，水灰比 0.39，灰、砂、水严格称量，注浆液搅拌均匀，随拌随用，拌后 2h 内用完。对水泥、砂子、钢筋等进行抽样检测，浆液制作砂浆试块。水灰比是浆液质量的关键，水过多，可降低砂浆强度，产生较大收缩。砂子含水率的高低也是质量控制的重点，因为如砂中含水率过高，相当于灰浆中水量加大，同样会产生较大收缩等质量问题，因此，浆液制作中灰、砂、水的用量严格称量，对于砂子含水率，采用称量测算的方法进行测定，根据结果适当调整配比，保证浆液质量。

六、锚孔及裂隙注浆

注浆时采用人工无压灌浆，从孔底灌起，边灌边提升导管，但孔内管口应始终保持在浆液面以下 0.5m，灌至孔口溢浆时停止，将孔口密封，预留排气孔，5min 后进行二次补浆，灌至排气孔中充满浆液时为止，排气孔高出孔口 200mm，记录注浆情况（表 4-4）。

表 4-4　北响堂石窟加固保护工程__窟锚杆注浆原始记录

锚杆编号	锚固段长（m）		杆体材料 $\phi \times L$ (mm×m)	灌浆时间	浆液类型	配合比		注浆量（L）		备注
	外锚固段	内锚固段				水灰比	灰砂比	理论	实际	

施工班长：　　　　　　　记录：　　　　　　　质检：　　　　　　　技术负责：

七、封孔及作旧

注浆 3 天后，Ⅰ型锚杆锚头加装 200mm×200mm×10mm 锚板，Ⅱ型锚杆锚头加装 ϕ60mm

锚板，锚板与锚杆端头采用焊接。Ⅰ型锚杆采用C20素混凝土封孔，锚板上焊井字形钢筋（图4-10），减少混凝土塌落，Ⅱ型锚杆采用灰砂比为1∶1的水泥砂浆封孔。表面均进行作旧处理。作旧颜色根据现场配比实验，颜色与裂隙封堵配比相同，达到表面颜色与岩体一致或协调。

在外观质量方面，封孔混凝土或砂浆颜色，加入适量墨汁，多次配比，并以干后的试块与岩体对比，最接近者，石窟颜色不同采用配比不同，均以最接近为原则（图4-11）。

图4-10　封孔

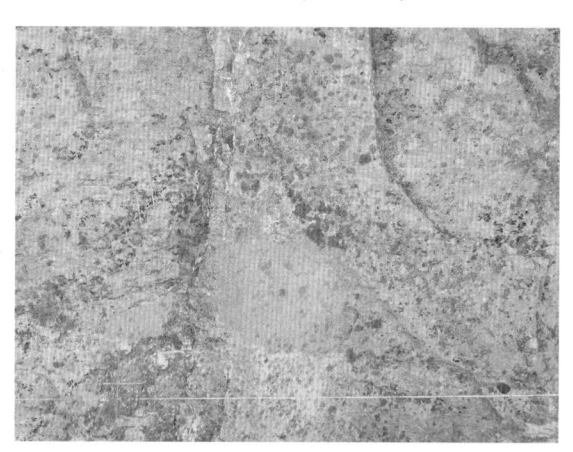
图4-11　封孔作旧后

第三节　锚钉加固

本工程中所称"锚钉加固"，主要指锚杆长度较小，类似"钉子"钉入片状岩石，增加片状岩石的稳定性，此片状岩石与母岩间裂隙一般用环氧树脂灌注，锚孔亦灌注环氧树脂作为锚固剂，个别用砂浆作为锚固剂。孔径一般 $\phi 22mm$，个别 $\phi 34mm$，杆体材料为 $\phi 16mm$ 螺纹钢，孔深一般不超过400mm，个别 1~1.4m，$\phi 22mm$ 孔注环氧树脂，$\phi 34mm$ 孔注浆材料用水泥砂浆，配比同锚杆。

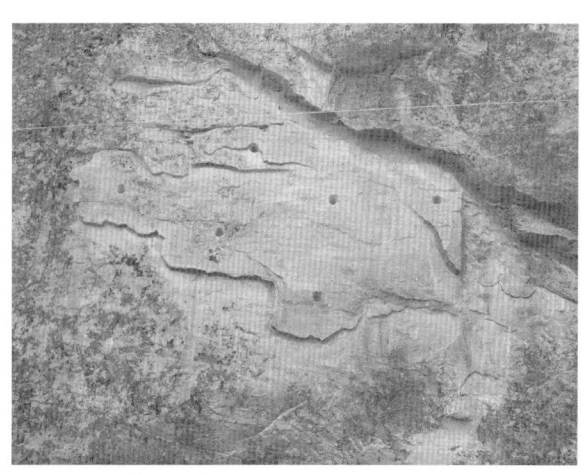
图4-12　片状岩体锚钉加固

锚钉加固主要用于小块艺术构件的加固（图4-12）。此类构件裂隙风化程度高，裂隙内土及风化层难以清理干净，单靠环氧树脂灌注难以保证施工质量，故环氧树脂灌注后再附以锚钉加固，其加固原理同锚杆是一致的。

锚钉主要用于3窟内、3窟、6窟外立面片状岩壁，实施顺序包括定位放线、锚钉成孔、浆液制作、注浆、封孔等工序。

定位放线工作在现场确定，放线前先进行裂隙清理，封闭裂隙边缘，适当注浆，确保片状岩体有一定自持力，然后根据片状岩体形状，每片设置不少于3根的原则确定锚钉位置，并图示记录（如图4-13、图4-14）。

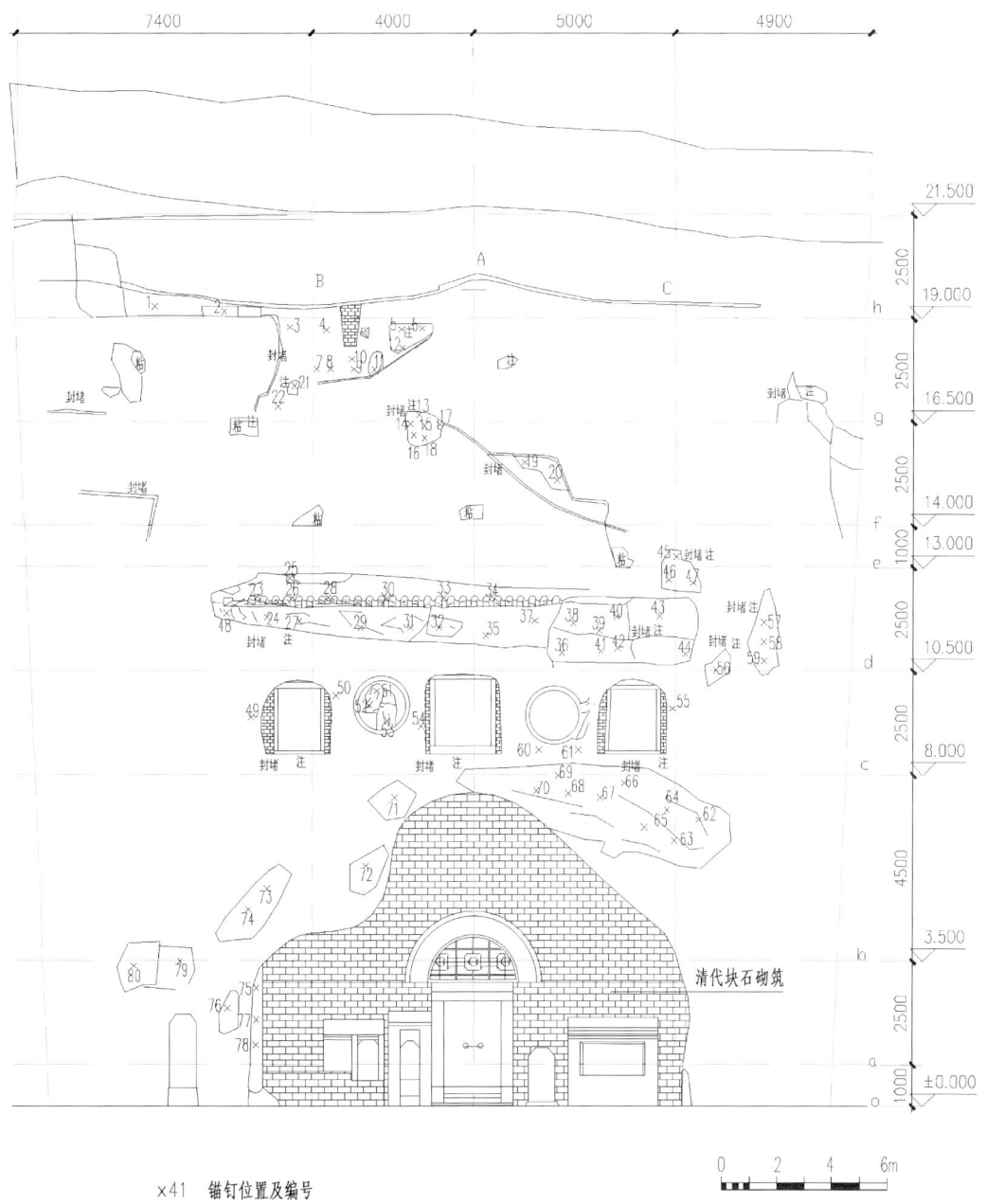

图4-13　3窟外立面锚钉示意图

ϕ22mm 成孔采用冲击钻干钻成孔，ϕ34mm 以汽油钻干钻成孔，为降低振动，尽量少用冲击功能，岩粉大部分通过钻头可带出，以编织袋或塑料袋收集，少量以气泵吹孔清理。

环氧树脂注浆材料现场配制，根据环氧树脂配比实验确定，配比为 E-44 环氧树脂∶聚酰胺树脂∶丙酮∶滑石粉∶乙二胺 = 100∶20∶30∶35（适量）∶6，水泥砂浆配比同锚杆配比。根据计算结果，先注浆，再插入钢筋锚钉。

因孔径小，封孔以环氧树脂腻子或颜色水泥砂浆封闭即可达到要求。

图 4-14 6 窟外立面锚钉示意图

3 窟内锚钉 7 根 φ22mm 孔树脂锚钉总长 2.59m；3 窟外 64 根 φ22mm 孔树脂锚钉总长 23.54m，16 根 φ34mm 孔水泥砂浆锚钉总长 19.78m；6 窟立面 41 根 φ22mm 孔树脂锚钉总长 15.72m。（φ22mm 孔树脂锚钉共 41.85m，φ34mm 孔水泥砂浆锚钉 19.78m）。

具体实施情况详见附录六～八：北响堂石窟加固保护工程锚钉统计表。

第四节 不稳定岩块清除

清除范围扩大到山峰，清除面积约 6000m²，清理岩块 400m³，在清理现场山坡平缓地方适当砌筑清理下岩块 22m³。

危岩清除是一项长期的工作，具体什么样的岩体是危岩，需要清除，从设计中提出的一些清除内容，如"易被雨水冲下的危岩体"、"数块灰岩碎石块"、"已近脱离母岩"、"松动岩块"、"半凌空状分离结构体"、"分离小块体"、"半凌空状"得出一些信息，根据这些信息，经过综合研究，制定出切合实际，具有可操作性的危岩清除实施细则。主要作法为：

（1）当岩石块度小于 200mm，未完全脱离母岩时，适当敲击取下。块度大于 200mm，未完全脱离母岩时，适当敲击，能取下者取下运至山坡下或浆砌固定（砌筑时必须清理杂土，以找出母岩为准），坚固者保留。块度在 50～200mm 以内的被结构面切割成分离体的碎石，在适当地方水泥砂浆浆砌固定，块度 50mm 以下运至山下。

（2）对于脱离母岩的直径大于 200mm 的岩块，当埋于坡积物内体积小于 60% 时，清除或在适当地方水泥砂浆浆砌固定（砌筑时必须清理杂土，以找出母岩为准），当大于 60% 时，可保留。

（3）脱离母岩平行于坡面的片状岩石、下端无可靠支撑点的岩石清除。

(4) 对于各窟立壁与山体斜坡交界以上 10m 范围内危岩、碎块重点细致清除。个别岩块现场据实际情况确定。清除中注意保护山体植被,尽量减少植被破坏。

根据清除细则,清除时间也是关键,本工程选用初冬、开春时间,因当地气候在初冬、开春时,树木基本是枯季,危岩块易于辨识,且山坡施工温度适宜,冬季太冷,危险程度高;夏季又太热,树木茂盛,危岩难找,还有就是游客较多,易发生安全事故。

危岩清除工作中安全防护是重中之重,安全包括清理工人的安全,山坡下游人、工作人员的安全,石窟及附属石碑等文物的安全。对于施工工人的安全,重点是进行日常的安全教育,在山坡上施工时,身上拴挂安全绳,绳的另一端固定于稳定的活树根部,同时,在山坡平坦部位挂安全网(固定于稳定树木上),作为二级安全储备(图 4-15)。对于文物的防护,采取木架板搭设防护棚、草帘、草席遮盖等方法进行防护(图 4-16)。对于山下游人、工作人员,采取封闭施工现场的方法,并对施工通道用脚手架板搭防护棚防护(图 4-17),并尽可能扩大封闭范围,张贴危险警示标志,防止误入危险区域造成意外发生,并设专人在山下观察个别危岩掉落位置,采用对讲机随时沟通上下情况(图 4-18)。

图 4-16　危岩清除时山下石碑防护

图 4-15　危岩清除时山上安全网防护

图 4-17　通道防护

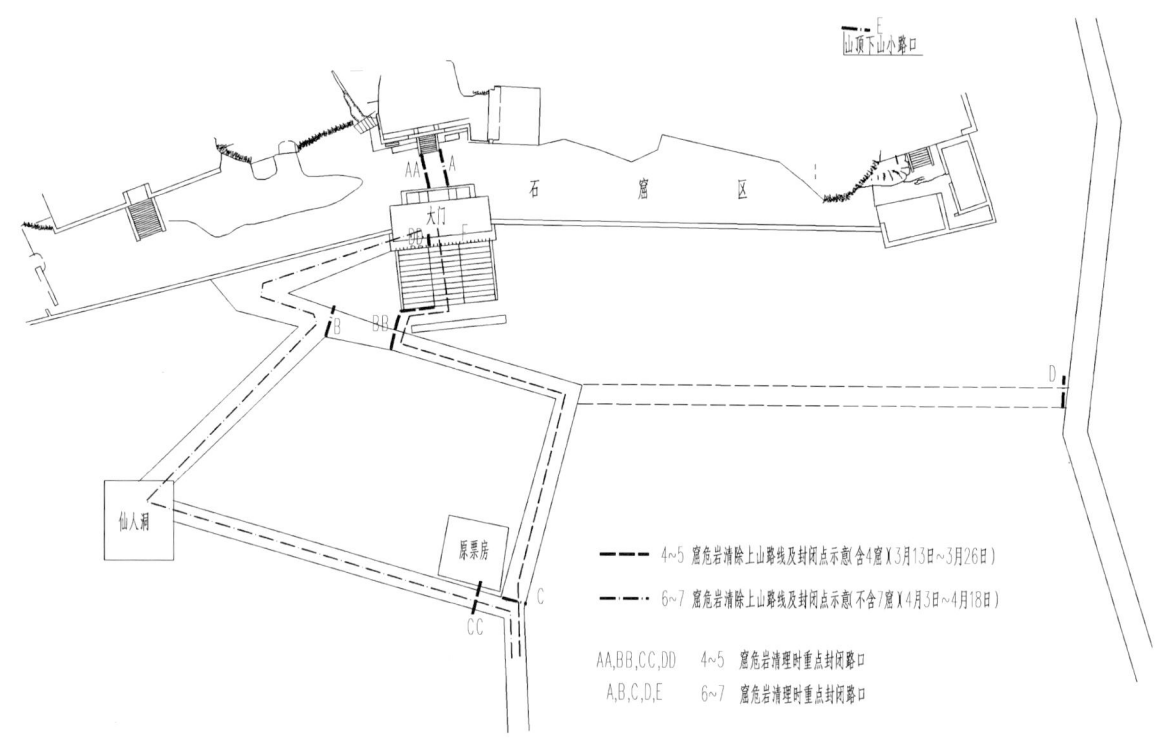

图 4-18　4-7 窟危岩清除现场安全控制范围图

根据技术要求、安全控制措施，在危岩清除过程中，根据山坡实际情况，在平坦面较大区域采取了砌筑岩块的办法，减少了大量向山下运输的难度。对于靠近立壁的危岩块体，采取在危岩两侧稳定岩体上用冲击钻打孔，$\phi 12mm$ 膨胀螺丝、8 号铁丝"捆绑"固定危岩，再由石匠对危岩进行人工破碎，清理下山（图 4-19、图 4-20）。

岩块清理后集中堆放于山坡平坦位置，然后用钢管搭设简易三脚架，架顶用钢丝绳固定于稳定树木上或锚固于坚固岩石上，山下同样安装地锚，两端安装滑轮，在绳上悬挂运输工具运送岩块下山（图 4-21、图 4-22）。

图 4-19　岩壁边缘危岩清除前

图 4-20　岩壁边缘危岩清除后

 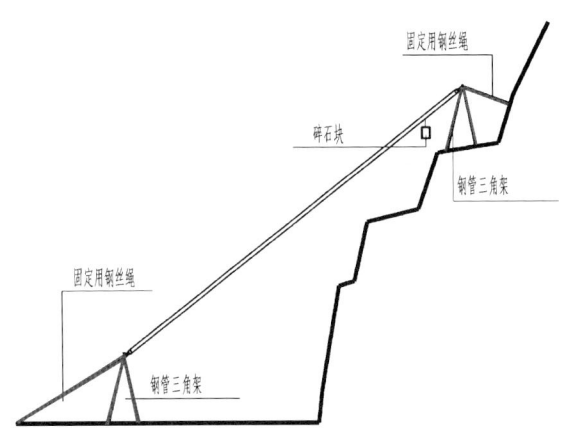

图 4-21　山坡破碎岩块运输支架　　　　图 4-22　破碎岩块运输示意图

第五节　破碎岩体化学加固

化学加固主要是粘接归位已脱落及破碎程度高的小块体，灌注粘接宽大、张开性好的裂隙，起到粘接裂隙两侧块体作用；封堵小裂隙及较闭合的裂隙，控制减少裂隙进一步恶化、风化；最终最大限度保证石窟艺术形象的完整性。

粘接部位主要是 3 窟外立面片状脱落岩体，6 窟立面覆钵部分、砌石部分，7 窟大业洞壁、覆钵；封堵注浆部位为 3、4、6、7 窟窟内裂隙及外立面；封堵部位为 1、2、5 窟小裂隙。重点是 3、6、7 窟窟内裂隙及窟外立面裂隙。

粘接材料主要采用改性环氧树脂，对于北响堂石窟，石质为石灰岩，岩体结构细密、孔隙率小、强度高，选用环氧树脂较为合适。环氧树脂灌浆材料主要由环氧树脂、稀释剂、固化剂、增韧剂、填料等组成。环氧树脂本身是一种呈瑚珀色的黏稠状液体，属热固性树脂，是灌浆材料的主体，呈热塑性的线形结构，在常温条件下，本身不会固化，加入固化剂能进行交联固化反应，生成体型网状结构，具有许多优良性能。

环氧树脂本身的黏度比较大，需用稀释剂稀释以降低其黏度，本工程稀释剂选用丙酮，保证环氧树脂灌浆材料具有良好的可灌性，同时提高其对细微裂隙的可灌性、渗透性，提高整体粘接强度。

单纯用固化剂固化的环氧树脂固化物脆性很大，需加入增韧剂来提高它的韧性，工程选用聚酰胺树脂（具有一定固化作用）作为增韧剂，聚酰胺树脂与环氧树脂的固化物韧性较好，同时与环氧树脂混合后固化反应缓和，有较长的可使用时间，固化后无毒，具有粘接力强，韧性好，耐水性、防潮湿等优点。

固化剂选用乙二胺，它能在室温、低温下固化，固化速度快，使用简便，收缩率低，调整用量可控制固化时间。填料的加入，可以减少环氧树脂的收缩，提高它的物理力学性能，降低成本。填料主要用滑石粉，常用干净砂子、碎石、片石等。

对于化学药品，都是有机化学材料，具有活性大、易挥发、易燃、有毒等性能，因此，自始至终在管理上十分重视化学材料的保管，设专人负责管理，库房远离火源，库房具备良好的通风条件，材料密封严密，并分类保管。化学材料使用安全也是重要的内容之一，教育施工人员具备基本的操作知识，下班后要用肥皂水洗手，工作期间勤换洗衣服，勤洗澡等。对化学操作人员配备充足的防护用品，配备专用工作服、防护口罩、胶皮手套等，并制定应急预案等保障措施。

一、环氧树脂实验

根据北响堂石窟石质情况，环氧树脂常规配比，进行配比实验，根据实验结果，确定适合本工程的最佳配比。环氧树脂分为三类：腻子、注浆、粘接（图4-23）。

图4-23 环氧腻子实验

1. 环氧腻子配比实验

共进行4个比例配比实验，配比如下：

（1）环氧腻子配比1

E-44环氧树脂：聚酰胺树脂：乙二胺：滑石粉：水泥 = 100：30：6：400：20

（2）环氧腻子配比2

E-44环氧树脂：聚酰胺树脂：乙二胺：青石粉 = 100：30：6：450

（3）环氧腻子配比3

E-44环氧树脂：聚酰胺树脂：乙二胺：滑石粉：青石粉 = 100：30：6：450：40

（4）环氧腻子配比4

E-44环氧树脂：聚酰胺树脂：乙二胺：滑石粉：水泥 = 100：30：6：250：20

经过配比后，在7窟外侧山体裂隙进行实际腻缝实验，24h后进行外观分析，总体情况如下：环氧腻子1颜色基本与原岩体周边协调一致，根据石质调整水泥用量后可作为环氧腻子补缝；环氧腻子2颜色稍黑，不宜作为环氧腻子补缝；环氧腻子3颜色稍白，表面含青石粉（颗粒太大）颗粒，不宜作为环氧腻子补；环氧腻子4颜色基本与原岩体周边协调一致，但腻子太稀，干后发亮，按配比1增加滑石粉用量后可作为环氧腻子补缝。

综上实验分析，选用环氧腻子配比1作为环氧腻子封闭裂隙边缘，根据裂隙周边岩体颜色适当调整水泥掺量，达到协调一致。

2. 灌缝环氧树脂配比

共进行2种配比实验，配比如下：

（1）配比1

E-44环氧树脂:聚酰胺树脂:丙酮:滑石粉:乙二胺 = 100:20:30:35:6

（2）配比2

E-44环氧树脂:邻苯酸二丁脂:丙酮:乙二胺:滑石粉 = 100:16:25:6:50

用两种配比在7窟外侧山体进行灌缝实验，裂隙下部的微裂隙均有"汗珠"渗出，此应为渗透出的环氧树脂，说明两种配比的环氧树脂流动性均较好，要多次补浆后才能保证密实。滑石粉用量需根据裂隙情况适量填加，施工时注意观察补浆。同时，由于其渗透性能好，施工时，注意观察注浆口下部环氧树脂渗漏情况。

本工程选用配比1作为注浆环氧树脂。

3. 粘接用环氧树脂配比

E-44环氧树脂:聚酰胺树脂:乙二胺:滑石粉 = 100:30:8:80

按此配比粘接块石后，经过24h、48h后分别敲击，石块均未在粘接处开裂，可用于剥落岩体、脱落岩块的粘接。

二、注浆加固

本工程需加固的岩体大部分为佛像、花饰等雕刻品，裂隙较小，注浆量也较小，加固对象类似石碑，所以采用的工具主要是医用注射器，瓷盆，称量用天平。加固流水段的划分也是按300mm高左右确定，平均300mm左右留出注浆口2~4个，注满后腻子封堵。具体加固过程主要是腻子封堵、裂隙注浆。

1. 腻子封堵（图4-24）

环氧树脂腻子主要用于封闭裂隙边缘，对于宽大裂隙，用铁钩、铲等清理裂隙内杂物，

图4-24 环氧腻子封堵

必要时用高压空气、高压水流冲裂隙内部（注浆前需等裂隙干燥），再用丙酮自上而下清洗裂隙边缘，此工序作为第一遍清理杂土、杂物。此工序至为关键，裂隙边缘、内部的清洁程度直接影响着粘接效果。

按裂隙边缘颜色及配比制作环氧腻子，用丙酮再次清洗裂隙边缘后，用竹扦涂腻子于裂隙处，迅速用白棉布沾丙酮向裂隙内压挤，擦掉裂隙边缘多余腻子。封堵后，达到环氧腻子基本嵌入裂隙，表面略低于裂隙边缘岩体。

裂隙封堵后，各裂隙边缘颜色尽可能达到与周边石质协调一致，确保封堵密实，为裂隙注浆打下基础。环氧腻子配比严格按实验确定的配比，其中乙二胺用量根据温度高低调整范围为6~8，水泥用量根据裂隙边缘颜色适度增减。白棉布沾丙酮量不宜太多，否则丙酮仍会稀释腻子，易引起腻子发亮。

2. 注浆（灌缝）（图4-25）

按配比（E-44 环氧树脂∶聚酰胺树脂∶丙酮∶滑石粉∶乙二胺 = 100∶20∶30∶35∶6）配制浆液后，30min 内灌入预留口内。用白棉布蘸丙酮擦净预留口残液。

图4-25 环氧树脂注浆

图4-26 微裂隙肥皂堵漏

10min 后，检察预留口浆液情况，如饱满，则用环氧腻子封堵预留口，否则，补浆—检查—补浆，直至饱满后封堵预留口。

注浆过程中随时检查注意岩体下部漏浆情况，如有渗漏发生，迅速用腻子封堵，渗漏微裂隙用肥皂堵漏（图4-26），3d 后用毛刷、清水清除。滑石粉用量根据裂隙宽窄，适度增减，遇有宽大裂隙，可加入适量干净细砂、碎石等，减少环氧树脂用量，增大粘接力。

三、粘接加固

粘接主要用于加固脱离母岩的岩块，粘接的关键是粘接表面的处理，对于岩石，要充分利用环氧树脂在粘接面上的扩散作用,即更好地浸润粘接面,并有效渗透。对于千年以上的石刻断裂面,粘接面多有灰尘、污水、油污等,严重的还有水锈(钙质)或风化层,对于这些,施工前必须尽可能的清理干净,确保粘接面新鲜、清洁,并适当粗化粘接面,增大粘接面积,增大粘接强度。

施工时,首先用钢丝刷刷除脱落岩块及母岩粘接面杂土、风化层,气泵吹净(图4-27),用丙酮清洗一至二次,按配比 E-44 环氧树脂:聚酰胺树脂:乙二胺:滑石粉 = 100:30:8:80 配制粘接环氧树脂,用毛刷将浆液分别刷于粘接面,边缘预留 20~30mm 不刷浆液。环氧腻子做成条状压于岩块边缘,将脱落岩块粘于母岩上,如有浆液溢出,迅速用白布擦除,丙酮刷净。如无溢浆,8h 后(腻子硬化后)再补注环氧树脂浆液,确保粘接质量。

图4-27 粘接加固前清理粘接面

图4-28 粘接加固后

对于大块岩块粘接后为确保粘接质量,增加锚钉加固。

对于6窟覆钵部位破碎岩块,加固前已被杂草、树木、乱石(部分为山上掉石,部分为砌石塌落)等堆积物掩埋,粘接前先进行了认真清理,清理中注意带纹饰岩块的收集。经过清理,发现裂隙张开程度高,裂隙间杂土多、岩面风化严重,部分已脱离母岩,已不能完全达到粘接后密实的程度,为此,采用简易钢管架吊装起覆钵岩块,彻底清理裂隙间杂物,仔细刷洗裂隙层面。粘接时在裂隙间适当加入薄石片,保证粘接后外部形状的准确性(图4-28)。

而对于6窟立面原砌石部分,在粘接前,对影响窟立面的树木进行了全面清理,进入裂隙的树根,尽最大努力采用人工清除,再用水泥砂浆、白灰封堵。杂草、树木的清除是一项长期的工作,本工程中采取了多次清除的方法,取得了良好的效果,通过清理加固,较好地展示了6窟的立面形象。

第六节 砌补加固

砌补加固主要是采用毛石、块石砌筑,增强上部及周边岩体稳定性,增强岩体自身稳定性，同时，合理有序引导雨水排放。砌补加固是一种传统的加固方法。此种方法简便易行，但为强调传统工艺的作用，单列一节。主要实施部位包括6窟立面塔刹、原砌石部分，7窟立面西南角修补（排水沟补砌）。

砌补加固主要做法，首先是挑选旧的、表面与岩体颜色接近的规整料石；其次是清理待加固部位，砌筑时注意与岩体或原来砌石的衔接，在砌筑中均适当加入构造钢筋，增强拉结力。

在现场实际操作中，我们充分注意利用了这一做法的支顶作用，如6窟塔刹基本无存，仅刹尖为一悬石，按修补原则，塔刹形状无法复原，我们挑选与刹尖颜色接近的块石，自6窟狮形须弥座分6层砌出塔刹轮廓示意，并支顶上部刹尖悬石，不仅解决了悬石安全问题，也以轮廓示意展示出塔刹这一重要构件（图4-29、图4-30）。

图4-29　6窟塔刹砌补加固前　　　　　　　　　　图4-30　6窟塔刹砌补加固后

当然有些砌补是与工程导水、排水相结合的，如3窟立壁过渡到山体的第一道排水陡坎（属分水排水设施），右侧裂隙发育，且有一400mm（宽）×1000mm（高）×400mm（深）岩体脱落形成缺口，此缺口明显成为雨水渗流汇集之处，通过清理裂隙杂草、树木，选用料石砌补缺口，上部陡坎素混凝土灌注找平，基本随原形状砌补出原排水沟，从而恢复了原排水的功能，减少了雨水向下渗漏及直接冲刷岩壁（图4-31、图4-32）。

图4-31　3窟立面岩壁排水沟修补前　　　　　　　图4-32　3窟立面岩壁排水沟修补后

第七节 治水工程

治水工程是一项长期的工作，按设计保护原则，重点解决窟内积水问题。本保护工程所说的治水工程主要是以导水、排水为主，适当封堵部分裂隙，或砌石导水，或凿沟导水，改变裂隙渗水或雨水的排放方向，引导裂隙水有序排放，确保构造裂隙、窟内地面及山体雨水渗流畅通。

主要进行的内容：3窟导水槽导水；3、5、6、7窟窟外原排水系统清理利用；6窟增高挡水墙、7窟新砌挡水墙；3~4窟间裂隙砌补，7窟北壁裂隙砌补；3、6窟地面修补，6窟墙面修补。

一、导水槽导水（图4-33）

3窟前廊存在南北贯通大裂隙一道，雨季时渗漏严重，经常出现窟外晴天窟内"下雨"现象，针对这一现状，按专家现场检查时的意见，在裂隙下方做导水槽，槽下安装导水管，水自3窟明窗排放。

根据这种保护思路，搭起脚手架后对裂隙进行了详细测绘，裂隙南段2.5m、北段5.5m宽度不大，经放线对比分析，用宽250mm槽

图4-33 导水槽仰视

能将裂隙水全部导走，但在北段1.8m左右东西方向需弯折1次，而垂直方向需弯折多次；中段2.5m裂隙宽大，且裂隙内岩体下凸，导水槽宽度至少在0.8m以上，才能保证裂隙水全部滴入槽内，且需向南段槽内排水。对于导水槽的材质，常用的有铝板、铁板、彩钢板、不锈钢板，结合现场实际情况，导水槽形状极其不规则，彩钢板、不锈钢板、铁板相对不易加工，且铁板易锈蚀，从耐久、易加工等性能确定选用铝板作为导水槽。导水管材料种类较多，钢管、铝管、铁管、铜管、PVC、PPR等，经对比，选用常用的PPR管，此管连接、截断、加长极为方便，且耐久性能较好。

具体作法为：

（1）适当清理裂隙边缘水垢，用环氧树脂腻子做出导水线，刷环氧树脂胶于裂隙两侧，粘接腻子，导水线的作用主要是阻水，使水遇导水线后，滴入导水铝槽内排出；

（2）制作铝板导水槽，回廊大裂隙分南北两部分，北半为通宽380mm、边沿40mm，南半与北半相接处宽2.4m随裂隙形状，其他与北半同，由于裂隙的不规则和廊顶的凹凸不平，导

水槽在窟内搭起的平台上现场制作，试装；

（3）两端各留上口直径150mm，下口直径35mm漏斗，接导水管；中窗随裂隙形状做1000mm×650mm导水槽，槽中留上口直径50mm、下口直径35mm漏斗，接导水管；导水管为灰色直径50PPR管，壁厚4.6mm；导水槽、导水管均用膨胀螺丝固定于窟顶、窟侧壁，固定位置避开有纹饰、雕刻的壁面；

（4）导水槽内刷环氧树脂2遍防腐，外刷灰色防锈漆3遍防腐，漆的颜色经过多次调整，确保与石窟岩体协调。

二、窟外原排水系统清理利用

经仔细查找，石窟原排水系统分为两类：

一为分水排水沟，主要是立面凿凹槽，自中央向两侧排水，包括3窟立面覆钵两侧排水沟，顶部三道排水沟，2、4、5窟立面排水沟（图4-34）。

二为引水排水沟，主要是凿沟引水到窟侧岩面排水。包括5窟顶部、6窟北侧排水沟，7窟顶部排水沟（图4-35）。

根据这种情况，认真寻找原排水系统痕迹，重点清理沟内杂物，修整沟底，使原排水系统得到重新利用，从而减少雨水直接冲刷岩壁，减少了对岩壁的破坏作用。

图4-34　3窟立面分水排水沟

图4-35　6窟立面右侧引水排水沟

三、6窟增高、7窟新砌挡水墙

6窟立面后约10m处在20世纪80年代曾砌挡水沟一道，引水到南侧排放，此次对6窟东侧山体上15m长一段挡水沟用毛石、水泥砂浆砌筑加高400mm，并对挡水沟后杂物进行清理，使挡水沟排水顺畅。

对7窟，则在做轻钢保护棚砌石修补的同时，考虑棚后挡水、导水，使山体大量水不再汇集自保护棚顶排放，在7窟东壁长度范围，做挡水沟（图4-36），导水到南侧围墙外，北侧则砌石挡水，导水自北坡排放，不再直接冲刷 7 窟立面。

四、3~4 窟间及 7 窟裂隙砌补

两处大裂隙为两处断层，裂隙内杂草、树木丛生。按设计内容采用人工清理裂隙内树木、浮土，选用手工打制规整料石，用水泥砂浆砌筑，使灰缝略凹于岩壁平面（图 4-37）。

图 4-36　7 窟上部新砌引水排水沟

图 4-37　7 窟北壁裂隙砌补

五、3、6 窟地面修补

对 3、6 窟地面凹低存水严重处，采用角磨机进行适当切割，选用片状不规则石板进行修补，使修补后的地面不再大面积积水，对窟口两侧地面适当削割，并人工打磨 50~80mm 宽沟槽，沟槽低于窟口地面 30~50mm，保证窟内裂隙渗水大部分排出，6 窟前廊地面采用角磨机进行适当切削，木构前廊砖地面下做暗沟排水到平台（图 4-38、图 4-39）。

图 4-38　3 窟地面修补前

图 4-39　3 窟地面修补后

六、6窟墙面修补

对6窟墙面存在多处岩溶腐蚀的地方，部分后期用小青砖、毛石砌筑，岩溶墙面被烟熏污染严重，本次施工时对小青砖、毛石进行清理后，用规整料石对墙面进行了砌筑修补，修补中尽量加工石料，使其适应墙壁凹面，尽可能不去砍磨墙壁，修补后保持整个壁面的平整度（图4-40、图4-41）。

图4-40　6窟后壁修补前　　　　　　　　　　图4-41　6窟后壁修补后

第八节　7窟（刻经洞）外部保护

在全面保存历史信息的保护理念指导下，调整保护思路，经过多次现场考察分析，征求有关专家意见，最终形成由全部拆除石券调整为揭顶维修，轻质混凝土窟檐（保护棚）调整为北壁、东壁做轻钢结构保护棚的保护方案，经过重新报审，国家文物局批复同意后实施。

一、前廊石券、顶部的保护维修

主要工作拆除焦渣顶、前廊木梁、石梁，重新现浇混凝土顶板，归安石券上栏杆、望柱，整修台阶等。

前廊顶在拆除前制订了严密的应急措施预案，认真分析廊顶岩石与券石的构造连接，做好必要的防护（图4-42、图4-43），一是做好拆除过程中施工人员的安全防护，二是做好洞窟刻经的防护。主要措施是在石窟前搭设满堂脚手架，所有岩壁佛像、刻经均以草帘遮盖，对石窟原有的木梁、石梁、石板等用钢管加垫木板支顶，并根据拆除情况随时调整木板，确保石板、石梁处于稳定安全状态。满堂脚手架采用钢管搭设，管距窟壁大于100mm，由于窟顶不平整，窟内空间狭窄，上下管的连接采用搭接形式，用两个十字卡子调节上节管与廊顶的间隙，达到接触密实，同时增加剪刀撑，确保脚手架稳定。

图 4-42 前廊壁面草帘防护

图 4-43 前廊壁面草帘、廊顶木架板防护

在拆除过程中，经常检查下部、上部结构的安全稳定程度，仔细记录拆除的每一过程细节，拆除工作做到细致，对于廊顶木梁、石梁、石板，揭开一角后，认真分析其与周围岩体的连接关系，确定拆除它不会影响整体安全后，再行拆除。拆除廊顶工作自南向北依次进行，对前廊北端石椽、瓦陇勾滴、焦渣与母岩接触部位，边清理焦渣，边检查岩体稳定性，同时做好拆除现场文字、照片、监测等记录。

对二层的栏杆、望柱，拆除前进行编号，拆除后码放于南侧围墙边。

券顶拆除后（图 4-44、图 4-45），进行现场分析，重新调整混凝土顶结构做法，并适当降低混凝土顶的标高，保证北端檐部能露出屋面，除大业洞顶板按简支板考虑外，其他均按悬挑板考虑配筋。因混凝土顶板平面形状凹凸不规则，底模板用优质细木板，模板使用后不再拆除，作为永久底模，故底面刷浅灰色油漆，与窟内廊顶颜色基本一致。

图 4-44 券顶揭除后（北端）

图 4-45 券顶揭除后（南端）

混凝土板浇筑后，地板上抹 1∶2 水泥砂浆找平，做聚胺脂防水层 2 道，铺手工打制石板一层，厚度 50~80mm，宽度大于 200mm，板缝 10~15mm，随石板形状拼接，使外观与石窟协调。混凝土板与石壁间预留适当空隙，填充水泥砂浆，不再对石窟前廊产生叠压。重新归安清

图4-46 券顶维修后北视

代栏望，整修登道台阶踏步，保持整体外观协调（图4-46）。

二、轻钢结构保护棚（图4-47、图4-48）

主要保护外立面北壁刻经、东壁塔形、残存勾滴等。此部分保护内容为保护性设施，对于材料、施工工艺完全按轻钢结构、钢结构规范操作实施，对于接触岩壁部位增加文物保护的内容。主要施工程序如下：

图4-47 东壁保护棚完成后

图4-48 北壁保护棚完成后

（1）植筋，施工流程为放线→成孔→清孔→钢筋除锈→注胶→植筋。

根据设计内容结合现场实际情况放线，标识出孔位，采用冲击钻成孔，深度不小于20D（D为钢筋直径），钻孔直径大于钢筋直径4mm，用风机或毛刷反复清孔，电动钢刷除锈，孔内注结构胶，将钢筋放入，以结构胶不溢出为宜，固化时间48h以上。

（2）轻钢保护棚依设计尺寸及现场实际情况制作、安装，清除钢构件表面锈蚀及浮渣，保证高强螺栓的连接面干燥、整洁，重点是飞边、毛刺、焊接飞溅物、焊疤、氧化铁皮、污垢等的清除；高强螺栓扩孔直径小于1.2d（d为螺栓直径），螺栓与钢构件连接密实，不出现间隙、松动情况，满足《钢结构高强螺栓连接设计施工及验收规程》。

（3）据现场情况，北壁平面较整齐平整，保护棚基本按设计尺寸、位置实施。东壁保护棚由于岩壁平面的不规则原因，在保证外观与设计一致的前提下，对内部结构重新调整，对棚顶支座位置也进行了适当调整，在东壁二层西北角设短钢柱一根，作为东壁屋架的支撑。保护棚后部与不规则岩壁接触处均调整为混凝土现浇板带压边做法。不规则岩壁打孔穿筋与混凝土板带连接，确保不因温度应力引起混凝土开裂，造成后部渗水。

彩钢板厚度0.5mm，东壁保护棚70m²，北壁保护棚9m²。颜色采用窟边取样块石配色，采用硝基漆多次调色后，喷涂2遍，实施后东壁（正壁）保护棚能盖住一层券檐，北壁保护棚能保护北壁刻经，基本达到颜色灰色不起亮，外观与石窟协调，起到保护的作用。

两项保护棚的实施中，窟壁文物遗存的保护至为重要，东壁主要是椽洞、上部刻经，北壁主要是椽洞，两个保护棚底均位于椽洞之上。在保护工程实施中，刻经、椽洞以及东壁的覆钵、蕉叶等都搭简易棚进行了防护，同时，刻经、纹饰等平面雕刻部分专门挂草垫、芦席进行防护。对于东壁南侧低于岩壁部分，采取补砌规整料石的方法加固，料石与山体隔层加构造钢筋拉接，增强砌石的稳定安全性，砌石高出保护棚吊顶顶棚，砌石与山体间做成排水沟，使山体雨水向南侧排出石窟围墙外。

第九节　窟区环境治理

山下常乐寺是北响堂石窟紧密相关遗址，20世纪80年代窟区围墙改砌后，高度达到2.4m，从空间上阻挡了石窟与寺院遗址的相互联系，同时，围墙的大红颜色与窟区整体环境也不协调。为此，降低围墙高度，淡化围墙色调，达到在窟区远眺常乐寺遗址全貌，增强窟区整体联系，确保整体环境的协调一致是必要的。同时，窟内地面多处积水严重，排水不畅，需要整治。窟区环境治理主要内容确定为降低窟区围墙及围墙外岩体处理、院落及平台地面修整。

一、降低围墙及围墙外岩体处理（图4-49）

为减少震动对窟区佛像文物的影响，采用人工拆除，平均保留700mm，其上墙体砌青砖墙帽。调整后围墙高度平均为1.05m。围墙拆除后，为确保窟区安全，对墙外南侧二水嘴下岩体进行凿除、砌补处理，外观与石墙一致。保证了围墙调整降低后的外观协调和石窟区文物的安全。

二、院落及平台地面重新铺墁（图4-50）

平台主要指3、6、7窟平台，3窟平台2000年刚经过修整，6、7窟平台地面则较为杂乱，经过清原条石、块石、乱石、混凝土砖、混凝土修补的地面，按甬路形式铺墁地面，主要是重新手工制作规整条石，石面剁斧，夯实地面，用掺灰泥铺墁，水泥扫缝，甬路两侧边用100mm宽

图4-49　原围墙拆除施工中

图 4-50　院落重新铺墁后

石路牙，确保灰浆饱满，灰缝凹入条石。使人登上平台，沿甬路引导进入洞窟，其他部位则用混凝土砖调整铺墁。对 7 窟前水泥砂浆后修补地面，剔除混凝土层后，用石板进行补墁，石板形状随修补地面的形状。

对于院落地面，根据出水口位置，重新抄平放线，确定排水方向，重新配制 500mm × 500mm 混凝土砖，挑选拆下旧水泥砖，能用的继续使用。

院落地面铺墁以围墙、大门为参照系，向山体方向铺墁，部分不能铺砖处，采用现浇混凝土划缝做法。各出水口用现浇混凝土，北侧 5 窟前出水口做成暗沟排水；混凝土砖采用泼灰泥铺墁，砖缝用干水泥扫缝两遍，水冲两遍，保证混凝土砖稳固，排水通畅。

第五章　新发现文物遗迹

石窟在进行保护维修时，是对文物本体进行深入研究的重要阶段，其工程不仅只是保质保量按图纸完成施工任务，而更重要的是对石窟进行全面研究的一个过程。本工程严格按设计方案和国家文物局批复意见实施的同时，现场十分重视未被揭示文物遗迹的保护，这些遗迹有的属首次发现，有的曾被发现，但未引起足够的重视。这些文物遗迹是石窟重要组成部分，有待进一步研究。

第一节　3　窟

一、前廊完整小佛像和中心柱南瘗穴

大佛洞中心方柱正壁龛楣上方左右各有两身飞天，尖楣处为托塔飞天，右侧飞天残，左侧飞天头残、存身体部分。塔为立体塔，可以见到两面，右面已残。左面开圆拱龛，龛楣及右侧龛柱残，左侧龛柱为束腰莲柱。龛内雕一小佛（图5-1），佛结跏趺坐于须弥座上。佛高肉髻，圆形头光，面方圆，细眉长眼，高鼻小口，呈微笑状，双耳齐肩。背后有舟形身光，内饰火焰纹。双手施无畏印（左臂弯曲于身前，五指垂直向下，掌心向外；右臂弯曲于胸前，手指向上掌心向外）。佛着通肩大衣，衣纹呈"U"形布于前身，前摆悬裳于座前。右腿压于左腿之上，露足，足心向上。

中心柱南壁顶部第三列龛佛像可移动（现无存），内为深3.9m，高1.76m，宽1.28m的瘗穴（图5-2），相传为"高欢墓"，按北齐建窟推测为"高洋墓"，这也是响堂山为北齐高氏陵墓之说的一种依据。

图5-1　3窟小佛像

图5-2　3窟瘗穴内视

二、立面瓦陇、覆钵、塔刹（图5-3、图5-4）

在3窟外门上方雕出仿木构窟檐，勾头、滴水残甚，仅存后部，瓦垄以上可辨为叠涩脊。脊上雕出覆钵式塔，正中为大覆钵，覆钵边缘两侧采用平面向内凹凿，使水向两侧排放，形成排水沟。覆钵上为火焰宝瓶、脊刹，屋脊两侧雕饰卷云状山花蕉叶，已残。

图5-3　3窟立面瓦陇

图5-4　3窟立面塔刹

第二节　6　窟

一、覆钵、狮形间柱须弥座刹座（图5-5）

图5-5　狮形间柱侧视

6窟脊上为覆钵，覆钵两端向东侧转折，具有强烈的立体感，已由3窟的平面雕饰转向立体雕凿。覆钵上雕饰已风化严重，纹饰难辨。

覆钵上为须弥座式塔刹座，以狮子作为须弥座间柱。正面雕五只狮子，左右靠岩壁各雕一只（共七只，正面残存三，侧面存二，残甚）。正面残存三只狮子均前腿直立，后腿弯曲，呈蹲踞状。左右侧狮子向背而踞，前腿直立，后腿弯曲抓地，呈蹲踞状，残损均严重，其中左侧狮子仅存前足，右侧狮子仅存前腿。七只狮子腿部较粗壮有力立于须弥座上。中间宝珠部分已无存，在宝珠两侧各雕有八角束莲柱，柱头为火焰宝珠，左柱保存完好，右柱无存。

二、砌石立面柱洞、梁洞、椽洞、"栱头"

6窟立面覆钵上保存柱洞4个，立面砌石部分存梁洞2个，洞口标高（相对窟前地面）13.65m，高500mm，宽380mm；正梁洞两侧360mm处存各存斜梁洞1个，高500mm，口宽550mm，从残存现状分析应为45斜梁。再上标高15.41m处残存椽洞18个，椽径130mm，洞深一般400mm，椽洞内150mm处有暗销（图5-6），起到安装后固定作用，从椽洞倾斜分析，椽举折平缓，在二三～二八举之间。椽洞上210mm处存栱形构件"栱头"2个，高550mm，宽300mm。从立面残存遗迹分析，原应有木构建筑窟檐（或保护棚），是否与石窟同期建造，有待进一步考证（图5-7）。

图5-6　6窟椽洞暗销

图5-7　6窟立面遗迹

三、6窟前廊地面花饰

在6窟地面进行治水处理时，清除原地面后，发现井字格地面花饰（图5-8），因其位置在前廊正中，经专家现场确认，推断为明代续凿，确定暂按回填保护。本次维修时以掺灰泥打底，用条石进行铺墁。

图5-8　6窟地面花饰

第三节　7窟窟檐

残存于前廊顶部右侧，包括5个瓦陇、2个较完整勾头、2个较完整盆唇滴水，北侧垂脊上勾头亦较完整，屋面上正脊采用叠涩瓦条脊，垂脊残缺严重，但可辨出也是瓦条脊（图1-30）。勾滴下残存圆椽头5个。残存的窟檐相当于木构建筑屋面的翼角部分，保存相对完整，有升起，举折二七举，相当平缓，为研究早期建筑提供了重要实物遗存。

第四节　各窟原排水系统

石窟的排水系统主要采用的是排水沟，分两种类型，一为分水排水沟，二为引水排水沟。此次工程实施的原则是尽可能清理利用。

分水排水沟，主要在石窟是立面岩壁上开凿"人"字形凹槽，分水在窟体两侧排水，包括 3 窟立面覆钵两侧排水沟，顶部三道排水沟，2、4、5 窟立面排水沟。

引水排水沟，主要是在岩体表面凿沟引水到石窟立面较远的山体处排水。包括 5 窟顶部、6 窟北侧排水沟，7 窟顶部排水沟。

第六章　施工组织与管理

北响堂石窟是第一批全国重点文物保护单位，是建国后第一批国保单位石窟类文物中唯一未进行过人为干预的文物保护单位。由于工程的重要性，河北省文物局委托河北省古代建筑保护研究所负责工程的全面实施，峰峰矿区文物保管所配合工程施工中的协调工作。接受任务后，河北省古代建筑保护研究所对加固保护工程非常重视，为保证工程顺利进行，研究抽调精干技术人员，成立北响堂石窟加固保护工程项目部。

第一节　施工组织

一、工程特点

项目部进场后，认真研究设计图纸，分析工程内容，结合现场情况，认为本工程具有如下特点。

（1）不可预见内容多

此工程大部分项目为高空作业，限于勘察阶段的条件，修缮加固中不可预见内容相对较多，设计的调整、补充、变更会经常出现，每一过程需相应的记录，增加了施工中的记录资料，相应工期会受到一定程度影响。

（2）安全问题突出

施工范围相对广阔，高空项目多，影响范围大，尤其是危岩清除，可影响到窟外山坡300~500m之远，个别部位锚杆加固需要在半山坡搭设脚手架，另外，石窟是开放的文物保护单位，故施工人员及游人的安全问题在整个工程实施中尤显突出。同时，施工中文物的防护安全问题也很重要。

（3）施工条件相对艰苦

工程所在地交通不便，距峰峰矿区20km。石窟在鼓山中腰，距山下相对高差超过百米，上山绕行距离超过600m，施工机具、材料、设备等均需二次搬运上山。山上场地狭小，无生活饮用水，管理用房及施工人员食宿均在山下，管理相对不便。各窟封闭施工场地相对狭小，机具、材料的堆放需经常调整。

二、项目组织机构

根据工程特点，经研究，项目部组织设置如下。

（1）工程技术组：负责解决施工中工程技术问题和工程质量自检。

（2）锚杆施工组：负责锚杆成孔、制作、注浆，危岩清理及窟檐工程，对锚杆、危岩清理工程质量负责。

（3）化学施工组：负责裂隙化学加固，对化学加固分部工程质量负责。

（4）土建施工组：负责地面、墙体等除锚杆、裂隙化学加固工程以外其他工程，对其质量负责。

（5）后勤组：负责材料采购、供应及后勤管理，对材料质量、后勤工作负责。

财务工作由单位统一进行管理。

三、施工段划分

根据北响堂石窟分布情况，结合各窟工程量大小情况，现场确定施工段落组织工程实施，确定1~2窟、3窟、4~6窟、7窟为四部分独立施工段落，施工顺序按3窟→1~2窟→7窟→4~6窟→窟区环境整治→7窟保护棚。

第二节 现场管理、控制措施

管理制度、控制措施是现场搞好管理工作的基础。根据工程特点，现场制订了一些制度、措施，注意到制度措施的可操作性，并密切联系工程实际，同时在执行过程中对相关制度、措施不断补充完善，逐步提高整体管理水平。本工程主要管理制度、控制措施包括以下几方面。

一、施工质量控制措施

（1）本工程施工中严格遵守《中华人民共和国文物保护法》"不改变文物原状"的原则，遵守《中国文物古迹保护准则》相关内容，遵守现行建筑工程安全操作规程的规定。

（2）强化对全体施工人员的质量教育，提高其质量意识。在工程开工前对全体施工人员进行工程质量培训，对各项工程进行质量交底，明确责任。

（3）强化对施工材料的管理，各种材料必须有合格证，进场前必须经检验合格，做到不合格材料不进场，不使用。

（4）实行严格的工程质量管理制度，设立专门人员负责工程质量的检查监督，检验合格后，方可进行下道工序施工。

(5) 作为科研项目，在保护工程中，河北省古代建筑保护研究所既是设计单位，又是施工单位，项目部对工程质量尤其注意，现场加强内部自检自查，并经常请峰峰矿区文保所、河北省文物局专家、所内专家领导、技术人员到现场检查指导工作。

二、安全生产、文明施工保证措施

文明施工能带来工程安全，安全生产促进现场文明施工。

(1) 根据现场开放条件及分段施工特点，现场分段封闭管理，保证施工段落全面封闭，进入现场人员佩戴工作卡。

(2) 安全第一，预防为主，对全体施工人员进行岗前安全施工培训，经常进行施工安全检查，提高安全生产意识。

(3) 施工场区设置明显的警示标语及安全标志牌，进入施工现场，必须戴安全帽，非施工人员严禁进入施工现场。禁止游客围观，窟口设游人通道，通道上方搭设架板防护，确保游人安全。

(4) 材料严格按总平面图布局堆放，严禁乱堆乱放。

(5) 化学药品分类存放在通风良好、严禁烟火并有消防用品的专用仓库内。

(6) 施工中采取除尘措施，产生的废弃物定点堆放，定时清理，保证施工现场的整洁。

(7) 凡有可能发生块体或物品掉落、弹出、飞溅以及其他伤害物的区域均应设置安全防护措施，尤其危岩清除时，现场加强防护，以保护人员的安全。

(8) 施工中注意保护植被，除对石窟产生影响的植物必须清除外，严禁破坏植被树木。

(9) 特种作业人员必须持上岗证。

(10) 加强施工用火、用电管理，安全员应对电线电缆定期检查，发现问题及时处理。外电防护按安全距离完善防护措施，按规定要求做好施工现场用电的保护接地、接零系统，配电箱按"一机、一闸、一漏、一箱"设置。

(11) 脚手架认真按施工方案进行搭设，保证立杆基础平实，立杆有底座或垫木，设置通长扫地杆，按规定设置剪刀撑，满铺脚手板，外侧设置密目式安全网。并认真做好脚手架稳定性、机械设备安全性、山体上部安全性的日常检查工作，发现隐患及时解决。

(12) 施工机具做好保护接零及漏电保护，手持电动工具人员按规定穿戴绝缘用品。

(13) 专门成立突发事件处理领导小组，及时解决处理各类紧急突发事件。

三、文物保护、防护措施

作为文物保护工程，文物保护是工程的核心，施工过程中，文物本体的保护、防护极为重要，结合本工程的特点，制订文物保护防护措施。

（1）进场后组织所有人员认真学习《中华人民共和国文物保护法》，贯彻落实《文物保护条例》，加强施工人员文物保护意识，确保施工现场文物安全。

（2）建立现场文物保护制度，加强洞窟内部及外部保护工作，施工时专人进行监测，发现问题及时处理。

（3）脚手架搭设时，钢管距石窟岩体至少100mm，确保窟壁安全。

（4）对于具体部位，研究制订详细的保护、防护措施。施工时，用塑料布、彩条布等封护窟门、下部岩体及雕刻艺术构件，防止水泥浆液及化学浆液污染岩面。危岩清除时，下部石碑、雕刻搭防护棚，遮盖芦席、草垫等进行防护。有不慎污染的地方，及时清除。

（5）加强施工过程中的巡查和监督及文物保护相关知识培训。

四、进度控制

（1）制定科学合理的施工进度计划，制定科学的施工方案，配备充足的施工机械，建立完善的组织体系。

（2）工程进行中，将加固保护内容进行分类管理，将一些不受影响或受外界影响小的工作内容制定严密的周、月进度保障计划，在人、材、机等方面积极协调，确保能及时完成。

（3）工程进行中，将一些不确定因素多的项目集中归类，分析影响进度的原因，逐项完成。加强进度管理，北响堂石窟加固保护工程大部分项目为高空作业，限于勘察阶段的条件，修缮加固中不可预见内容相对较多，设计的调整、补充、变更会经常出现，同时，对现场出现的与设计不符之处征求专家、领导意见，及时调整工作内容，较大的补充、变更按保护工程程序重新履行报批手续。2003年春夏"非典"的影响，危岩清除季节性强等多方面因素，决定了进度计划在施工过程经常调整，本工程进度控制就是根据这些变化因素及时调整的。

（4）按照总进度计划，根据加固内容制订阶段性工程进度计划，根据实际情况进行合理调整。

第七章　工程总结与建议

本工程是文物保护工程，在施工中严格遵守《中华人民共和国文物保护法》，对"不可移动文物进行修缮、保护、迁移，必须遵守不改变文物原状的原则"，严格遵守《中国文物古迹保护准则》重要保护原则，同时，注意《威尼斯宪章》提出的相关保护原则。施工中严格执行设计文件和国家文物局、河北省文物局批复意见，必要的补充、变更履行相关手续，通过采取适用的技术手段，保证石窟的稳定性和安全性，尽最大努力全面保留石窟历史信息，最大限度地保持其真实性和延续性。

第一节　文物保护理念、原则的贯彻、执行

一、尽可能减少干预

不影响结构安全的部位尽量不动，干预是针对具体病害部位进行的，所采取的技术措施，尽可能减小到最低限度，从而保存文物本体的真实性。

按设计文件的要求，根据文物修缮原则，现场施工时尽量将锚杆、化学加固等加固措施造成的影响减少到最低限度，锚杆孔口尺寸能满足设计要求即可，绝不随意扩大，进钻成孔时，平稳进尺，避免卡钻等事故发生后，增加孔位造成岩体表面破坏面加大。

保护工作是使文物建筑延年益寿，每一次的保护工作都要留有余地，不能片面追求彻底。通过这次加固保护工程，我们意识到，每次修缮都是在保护一些内容，有积极的作用；同时也在有意无意中对文物建筑旧有实物构件进行干预，不论多少，都会产生一定的负面作用。石窟加固不可能一次解决全部存在的问题，这也是文物建筑维修共同的特点。

二、正确理解"不改变文物原状"原则

"不改变文物原状"是保护文物古迹的法律规定，可以包括保存现状和恢复原状两方面的内容。2000年由中国国家文物局推荐，中国古迹遗址理事会发布的《中国文物古迹保护准则》中对此有明确规定，文物古迹的维修是以现存实物为依据，对于石窟类文物古迹，通过本工程，我们认为"不改变文物原状"可以理解为保存现状。因为石窟类文物建筑大都具有千年的历史，历经沧桑，人为作用和自然因素的影响，使石窟不同程度地发生了变化，其始建状态已不复存在，或发生了变异，历史地形成了经历变化后的状态。其始建时的原状大都无可靠的文

献资料，形象资料。

现在的维修加固主要是通过防护加固的手段，解决石窟的健康和安全状态。石窟的价值体现在经过千年自然剥蚀以及人为改造遗留下的有研究价值的残损状态。对于这一点，梁思成先生当年在《关于敦煌维护工程方案的意见》中曾经提出："在敦煌的整个历史过程中，恐怕就没有过全部完整修洁的日子，即使有，也只能维持极短的几年。因此，破破烂烂就是千年敦煌的外貌——少数完整的洞廊或殿阁，其余就是满崖残破的窟窿眼。这就是敦煌给人的基本印象。"[25] 当然，这里说的"破破烂烂"应是敦煌石窟的残损状态，并非真的破烂不堪。

三、正确把握审美标准、注意整体协调性

审美是人类掌握世界的一种特殊形式，指人与社会和自然形成一种无功利的、形象的和情感的关系状态。审美是一种主观的心理活动的过程，使人们根据自身对某事物的要求所做出的一种对事物的看法，因此具有很大的偶然性。但它同时也受制于客观因素，尤其是人们所处的时代背景会对人们的评判标准起到很大的影响。

审美标准是衡量、评价对象审美价值的相对固定的尺度，是一个思维过程，也是一个文化的升华过程，只有当人们的文化背景比较接近时，人们的审美情趣才可能逐渐趋向一致，人们在征服自然和改造自然的过程中，通过无数次的生产劳动，有意无意地总结出一些共同经验，这些共同经验演变成为群体中相似的思维方式，在人的内心深处沉淀成衡量美的原型标准，得到群体的共鸣，即形成一种标准。对于文物古迹，其审美价值主要表现为它的历史真实性，群体共鸣形成的标准是对文物的历史沧桑感的认同，对于本工程，文物本体北响堂石窟具有1450余年的历史，维修中尽可能多的保留历史信息和全部价值，保持石窟加固后的历史沧桑感，不给人以焕然一新的感觉，应该是对石窟维修加固后外观所要达到的一种状态。

我们所做的一切维修加固部分，尤其新做的保护性构筑物的外观，应该达到与石窟文物本体既相协调，又可识别，并尽量淡化外观，保持整体协调性，维修加固部分在石窟本体面前"应当表现得十分谦虚，只做小小的'配角'，要努力做到'无形中'把'主角'更好地衬托出来，绝不应该喧宾夺主影响主角地位。这就是我们伟大气概的伟大的表现。在古代文物的修缮中，我们所做的最好能做到'有若无，实若虚，大智若愚'，那就是我们最恰当的表现了。"[26]

四、按照保护要求使用保护技术

时代在发展，新材料、新技术不断出现，旧技术、旧材料逐渐消亡，这是历史发展的必然，这

---

[25] 梁思成：《关于敦煌维护工程方案的意见》，《梁思成全集》（第五卷），中国建筑工业出版社，2001年，第413页。

[26] 梁思成：《闲话文物建筑的保护》，《梁思成全集》（第五卷），中国建筑工业出版社，2001年，第446页。

一现象在新建筑中正常的,也是应该的,因为任何事物的发展都是历史的必然。但对于文物建筑的维修,新材料、新技术的应用,要甚之又甚,因为文物建筑最大价值在于其历史真实性。

"当传统技术被证明为不适用时,可采用任何经科学数据和经验证明为有效的现代建筑及保护技术来加固古迹"[27]。对于北响堂石窟岩体的加固,如采用传统的砌筑支顶技术解决岩体稳定,势必造成整个外观的重大改变,且工程巨大,不能说是符合"不改变原状"的原则。这就要考虑采用新技术、新材料,按文物保护工程的要求,所有新材料、新技术都要经过前期试验研究,证明是有效的,对文物古迹是无害的,才能正式在保护工程中使用。本工程中,锚杆加固技术在其他行业是比较成熟的技术,应用已有近百年的历史,应用于石窟加固也有40多年的历史,且在本工程施工前进行了锚杆拉拔实验,经过实验分析,校核锚杆设计的合理性、安全性,证明设计参数合理,能满足加固保护要求。在工程实施中,对锚杆加固的材料如钢筋、水泥、石子、河砂等,均到质量检测中心进行材料检验,对砂浆亦取样制作试块,进行抗压试验检测,保证材料的合格有效。

同样,对于环氧树脂加固,也在注浆、粘接前进行了配比实验,经过调整配比,应用于本次保护工程。对于刻经洞保护棚的调整,更是进行了多方案的比较,从保护棚的材料,到保护棚的覆盖范围等,均进行了作图分析,并经专家论证审核,确定最终的轻钢结构保护方案。

五、对文物价值和历史信息的认识

保护文物建筑,技术方面的问题固然重要,但最根本的还是保护理念的问题,只有理念正确,才能在实践中指导人们去采取正确的技术手段。如威尼斯宪章所说"各个时代为一古迹之建筑物所做的正当贡献,必须予以尊重,因为修复的目的不是追求风格的统一。"一座建筑物在它存在的过程中,通过维修改造,甚至改建,被不断地赋予各种各样的历史信息,这些信息反映了历史的变迁,是我们认识历史和古代社会直接的证据。石窟的真正价值在于它所记录下来的各个朝代修建时的历史信息,在进行加固保护时,应着重于经常性保养维护和加固工程。保护性建筑物和构筑物的修建应注意与文物和环境风貌相协调,更不能破坏文物的保存环境。

石窟是人类共有的文化遗产,属于今人,更属于后人。人类认识研究文化遗产,是一个动态的过程,随着科技的发展,人类认知水平的提高,对文化遗产认识会逐步深入,对价值的认识、判定会更加科学,评估会更加准确,对历史信息的判断会更加丰富,后人可能会认识到今人无法识别的信息,解决今人无法解决的问题。

---

[27] 国际古迹遗址理事会:《国际古迹保护与修复宪章》(威尼斯宪章),1964年。

第二节 综合性的保护工程

北响堂石窟加固保护工程，不单是一项简单的建设工程项目，而是一项意义深远的文物保护工程，是一项多学科的综合保护工程。工程实施中，保证文物的安全与质量是整个工程的核心。本工程的实施中涉及现代成熟的锚杆技术、化学材料的应用、钢结构的应用、混凝土结构的应用等，将多学科技术应用于一项工程，密切的分工、合作及合理的工序安排尤为重要。为了做好文物保护工程，除了严格的施工组织管理外，还须对工程涉及的保护技术问题进行认真研究，制订严密的施工方案，精心组织施工。

文物保护工程既是专业技术工作又是一项研究工作，文物保护工程中设计工作的最终文件不应是施工图或施工文件，而应随着工程的进行，针对设计方案与现场实际情况不一致的情况，及时进行分析、研究，评估其价值，确定补充或变更设计方案，这是文物维修工程经常经历的一个过程。重要的变更还需履行重新报批的程序，故工期不应设硬性规定。不设规定不等于无期施工，应积极解决发现的新问题，协调安排工程进度。

在文物保护工程中，现场实施过程的记录十分重要，本工程在实施过程中，借鉴现代建筑表格记录的方式，创造性的制作一些记录表格，并随工程的进展充实完善，能用图示表达的尽量绘图说明，最终收集、整理形成现场资料。

通过对北响堂石窟的加固保护，充分意识到了文物工程资料工作的重要性。文物古迹记录资料的归档，在传递历史信息方面与实物遗存具有同等重要的地位，在价值评估时，是判断文物古迹的历史变迁和现存实物年代的重要依据，是管理、了解文物建筑的重要参考内容。

第三节 工程建议

北响堂石窟加固保护工程按设计和补充设计内容实施，加固保护效果明显。按照《中国文物古迹保护准则》"保护的任务是通过技术的和管理的措施，修缮自然力和人为造成的损伤，制止新的破坏。"也就是说，文物建筑的保护不只是技术措施的保护，管理措施的合理实施也是文物保护的重要内容。本次加固保护工程的实施解决了一些自然力和人为的破坏。但对于管理上的问题，需要通过规划的手段，通过政府干预的办法，逐步解决。如窟区环境经初步整治，有一定改观，但窟内"烟熏"现象严重，个别佛像手脚已黑，窟外燃放鞭炮、燃烧纸箔依然严重，鞭炮震动除对石窟造成破坏外，其产生的垃圾也影响整个窟区的卫生环境，需要控制杜绝。

再者，就是日常保养的重要性，需要提高到一定高度来认识，"日常保养是及时化解外力侵害可能造成损伤的预防性措施，适用于任何保护对象"，这是准则明确提出的保护要求。

另外，仍有一些问题需要通过技术手段专项解决，如窟区部分岩体风化严重，整体防风化方案应专项考虑；裂隙虽经封堵，一定程度上起到了防止裂隙进一步恶化的作用，但裂隙水依然渗漏，水中钙质沉积，损害石窟艺术形象，也建议专题立项研究保护措施。

第八章　工程验收情况

北响堂石窟的加固保护，从项目立项到工程的实施，都得到国家文物局、河北省文物局领导、专家的重视和支持，受到河北省古代保护研究所领导的高度重视，得到峰峰矿区文物保管所的大力配合。针对现场重点、难点问题，专家、领导经常进行现场检查指导，针对具体问题进行深入研究，修订施工方案，所有这些都保证了整个工程于2005年6月顺利竣工。

2006年9月2日，国家文物局组成古建筑验收专家组，赴河北峰峰矿区北响堂石窟进行论证、检查、验收，验收组专家、领导到现场检查了保护工程内容，听取了工程总结汇报，审阅了竣工资料，一致认为"该项保护维修工程符合验收标准，同意验收，并提议将其列为优良工程"。

验收组专家认为，"该工程能够严格以《中华人民共和国文物保护法》、《中国文物古迹保护准则》等法律法规及国家文物局批准的设计文件为施工依据"，施工管理人员"有较强的文物保护意识；技术路线正确，工程质量良好，外观整洁，保护棚架协调；施工组织管理规范，达到了维修加固工程的预期目标"。同时，工程实施中，现场"能够按照实际情况和出现的问题，及时调整和完善设计方案，使技术措施合理得当。施工中注重科学试验数据完整、详实，并对新发现的遗迹能够及时采取措施妥善保护。施工技术资料及各类档案详细齐全，竣工资料完整、规范"。

参 考 文 献

常青．佛祖真容——中国石窟寺探秘．成都：四川教育出版社，1996

陈明达．中国美术全集·巩县天龙山响堂山安阳石窟雕刻．北京：文物出版社，1989

程良奎．岩土锚固．北京：中国建筑工业出版社，2003

次立新．南响堂石窟损坏形式和保护设想．文物春秋，1995，4

丁明夷．河北邯郸响堂山的塔形窟．文物天地，1992，10

丁明夷．河北邯郸响堂山的塔形窟．文物天地，1992，6

杜济美等修．武安县志．北京：光明印书局，民国29年（1940）

峰峰矿区地方志编纂委员会．峰峰志．北京：新华出版社，1996

峰峰矿区文保所，北京大学考古实习队．南响堂石窟新发现窟檐遗迹及佛龛．文物，1992，5

傅熹年．中国古代建筑史（第二卷）．北京：中国建筑工业出版社，2001

广州市文化局．广州锦纶会馆整体移位保护工程记．北京：中国建筑工业出版社，2007

国家文物局教育处．佛教石窟考古概要．北京：文物出版社，1993

邯郸市文物保管所．邯郸鼓山水浴寺石窟调查报告．文物，1987，4

河北邯郸市文保所，峰峰矿区文保所．河北邯郸鼓山常乐寺遗址清理简报．文物，1982，10

河南省古代建筑保护研究所．河南临颍小商桥．郑州：河南人民出版社，2002

黄成助．磁县县志．台北：成文出版社，中华民国五十七年八月

黄成助．武安县志．台北：成文出版社，中华民国六十五年

黄克忠．岩土文物建筑的保护．北京：中国建筑工业出版社，1998

李丽慧等．邯郸北响堂寺3号石窟的工程科学亮点研究．岩土力学，2004，25（9）

梁炯鋆．锚固与注浆技术手册．北京：中国电力出版社，1999

梁思成．梁思成全集（第五卷）．北京：中国建筑工业出版社，2001

刘东光．试论北响堂石窟的凿建年代及性质．世界宗教研究，1997，4

刘东光．响堂山石窟的凿建年代及分期．华夏考古，1994，2

刘东光．响堂山石窟造像题材．文物春秋，1997，2

刘东光．响堂山拾遗．文物春秋，1999，3

刘敦桢．刘敦桢文集（三）．北京：中国建筑工业出版社，1986

刘景龙．龙门石窟保护．北京：中国科学技术出版社，1993

罗未子．北朝石窟艺术．上海：上海出版公司，1955

孟繁兴．南响堂石窟清理记．文物，1992，5

牟会宠．石质文物保护的工程地质力学研究．北京：地震出版社，2000

彭振斌．锚固工程设计计算与施工．武汉：中国地质大学出版社，1997

祁英涛．河北省南部几处古建筑的现状调查．文物参考资料，1953，3

宿白．中国石窟寺研究．北京：文物出版社，1996

王去非．参观三处石窟笔记．文物参考资料，1956，10

王子云．从长安到雅典——中外美术考古游记．长沙：岳麓书社，2005

云冈石窟研究院．2005年云冈国际学术研讨会论文集·保护卷．北京：文物出版社，2006

张林堂，孙迪著．响堂山石窟——流失海外石刻造像研究．北京：外文出版社，2004

张林堂，许培兰．响堂山石窟碑刻题记总录．北京：外文出版社，2007

赵立春，卢合亭．响堂山石窟刻经及其书法艺术．文物春秋，1992，1

赵立春．中国石窟雕塑精华——河北响堂山石窟．重庆：重庆出版社，2000

赵立春．从文献资料论响堂山石窟的开凿年代．文物春秋，2002，2

赵立春．响堂山北朝刻经书法．重庆：重庆出版社，2003

赵立春．响堂山北齐塔形窟龛论．中原文物，1991，4

赵立春．响堂山北齐塔形窟述论．敦煌研究，1993，2

赵立春．响堂山石窟北朝刻经试论．文物春秋，2003，4

赵以辛，王安建．大气污染对南响堂石窟石雕表面风化的影响．文物保护与考古科学，2004，16（2）

赵以辛，王安建等．南响堂石窟表面粉尘特征及对石雕影响的研究．环境科学研究，2002，15（6）

中国岩石力学与工程学会岩石锚固注浆专业委员会．全国首届岩石锚固与注浆学术会议论文集．乌鲁木齐：新疆科技卫生出版社，1995

中国岩土锚固工程协会．岩土锚固工程技术．北京：人民交通出版社，1998

钟晓青．南响堂石窟建筑略析．文物，1992，5

重庆市文物局，重庆市移民局，西安文物保护修复中心．瞿塘峡壁题刻保护工程报告．北京：文物出版社，2003

附录一 工程批文

附录二 锚杆拉拔试验报告[①]

一、试验目的

本项试验是为了确定在执行设计意图的前提下，确定锚杆在该地质条件的抗拔力或单位长度锚杆的抗拔力，评估和预试该种设计指标和施工条件下的锚杆系统是否达到对窟体的锚固作用，保障斜坡松动岩体不出现大于 200mm 块度的岩体失去稳定性，达到对斜坡和石窟可能松动窟块或危岩锚固的目的，评价锚杆系统作用的材料的质量，是否可以达到设计要求和作为本工程锚杆适宜性。

二、试点的选择和地质环境

1. 试点的选择

试点应选择在地质条件上有代表性地段。本项工程是为了加固北响堂寺岩体斜坡的危岩体，使具有崩塌趋势的窟体处于稳定状态。所以应选择与北响堂寺岩体斜坡岩体、地层、岩性、产状和风化程度相一致的地段为锚杆拉拔试验点。为此选择了6窟与7窟之间较为方便做试验的平坦并具有陡立岩体壁面的地段为试验点。共设 6 根锚杆。锚杆相距 0.8~1.5m。该地段在地质条件上，具有较为典型的代表性。

2. 试点的地质条件

在地形上，试点具有较陡立的岩壁，岩壁走向与北响堂石窟陡坡的走向一致，一部分与其相垂直。地层为上寒武系条带状灰岩。灰岩黑灰色，条带状及层理构造，细晶质结构，节理、裂隙不发育。锚杆的北侧 3~4m NWW 向的高倾角张扭性断层。断层构造岩宽 50~150mm，充填的构造岩为糜棱岩。断层产状 N10°W/NE∠85°面上具有指示两边顺扭的近水平产状的粗糙擦痕。两边低于次节理很少，岩体完整。

北响堂寺的陡立斜坡即沿这个断层两边发育直径约为 30~100mm、蜂窝状溶洞。

试验段附近窟体有两组节理，其中一组产状 N45°W/SW∠70°，扭性，少数充填方解石脉。线密度为 3~5m 一条，试点位置无此组节理分布。另一组，b 与上述小断层同产状，张扭性节

[①] 本试验报告由锚杆组董兆祥教授完成，试验报告中试验记录内容要求及试验记录表格由赵仓群提供，q_c，q_s 值由赵仓群进行核算完善。

理，试点位置分布稀疏，仅 2~3m 一条。

以上地质特点基本上代表了北响堂石窟总体地质环境。

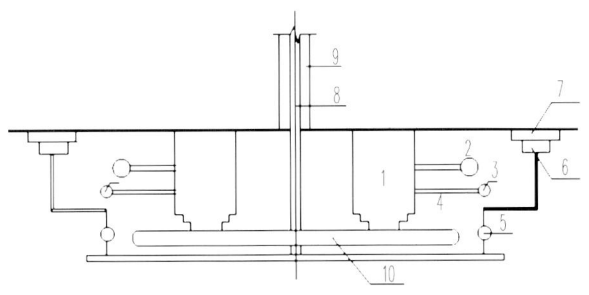

附图 2-1　锚杆拉拔试验装置示意图

1. 千斤顶　2. 压力表　3. 手动油泵　4. 高压胶管　5. 百分表
6. 磁性表座　7. 表托　8. 锚杆　9. 锚孔　10. 钢梁

三、试验方法及仪器设备

1. 试验方法

试验采取千斤顶加荷，按试验规程所规定的加荷速率施加轴向循环拉应力。

2. 仪器设备

加荷设备：千斤顶：2 个，配有高压油泵、油管和 60MPa 的压力表。

变形量测设备：以磁性表座架设的量程为 20mm 的百分表 2 个。

3. 原材料及其检测试验结果

北响堂石窟锚固锚杆拉拔试验原材料及其材料检测情况详见附表 2-1。

附表 2-1　原材料及其室内试验结果一览表

原材料名称	型号与产地	试验报告编号及品质
水泥	23.5 普通硅酸盐水泥、太行水泥厂	Sn:02-127 符合普硅 32.5 级水泥标准
砂	中粗砂	S:20020667 符合河砂标准
钢筋	HRB335 Ⅱ 级钢	G:20020251，合格，符合该型号钢材标准
水	当地井水	符合施工要求
速凝剂	氯化钙、三乙醇胺	符合施工要求
砂浆试块	70.7×70.7×70.7	SJ:02-259 强度达设计强度 201%

锚杆注浆配比：

水泥:砂 =1:1；水灰比：0.39；速凝剂渗量：0.5% 的氯化钙 +0.05% 的三乙醇胺。

四、锚杆试验主要内容

1. 成孔记录

主要包括锚杆编号、成孔日期、孔径（mm）、方位、倾角、孔深（m）、锚固段长度（mm）、孔内情况、其他应说明问题。

2. 注浆记录

主要包括锚杆编号，锚固段长（m）（外露长度、内锚固段），杆体材料 $\phi \times L$（mm×m）、灌浆时间、浆液类型、注浆量（L）（理论、实际）、其他应说明问题。

3. 试验记录

（1）每一级加荷登记观测时间内，测读锚头位移不应少于3次。

（2）在每一级加荷等级观测时间内，锚头位移小于0.1mm时，可实施加下一级荷载。

（3）锚杆破坏标准：a. 后一级产生的锚头位移量达到或超过前一级荷载产生位移量的2倍；b. 锚头位移不稳定；c. 锚杆体拉断。

（4）加荷方法。

附表2-2　锚杆基本试验循环加、卸荷等级与位移观测间隔时间表

加荷标准 循环数	加荷载/计划最大试验荷载（%）								
	1	2	3	4	5	6	7	8	9
第一循环	10				30				10
第二循环	10	30			50				10
第三循环	10	30	30	50	70		50	30	10
第四循环	10	30	30	50	80	70	50	30	10
第五循环	10	30	30	50	90	80	50	30	10
第六循环	10	30	30	50	100	90	50	30	10
观测时间	5	5	5	5	10	5	5	5	5

五、锚杆施工

为了使钻孔中对文物岩体扰动尽量轻微，锚孔的成孔采用了电钻成孔法。孔径为43mm，孔深1m。见附表2-3"试验锚杆成孔施工原始记录"，附表2-4"试验锚杆注浆原始记录"。

附表 2-3 试验锚杆成孔施工原始记录

锚杆编号	成孔日期	孔径（mm）	方位	倾角	孔深	锚固段长度		孔内情况	备注
						外锚固段	内锚固段		
S1	2002.9.12	43	75°	5°	1m	0.5m	1m	成孔较好	
S2	2002.9.12	43	75°	3°	1m	0.5m	1m	成孔较好	
S3	2002.9.12	43	78°	9°	1m	0.5m	1m	成孔较好	
S4	2002.9.13	43	10°	4°	1m	0.5m	1m	成孔较好	
S5	2002.9.13	43	7°	3°	1m	0.5m	1m	成孔较好	
S6	2002.9.13	43	6°	6°	1m	0.5m	1m	成孔较好	

附表 2-4 试验锚杆注浆原始记录

锚杆编号	锚固段长（m）		杆体材料 $\phi \times L$（mm×m）	灌浆时间	浆液类型	配合比		注浆量（L）		备注
	外露长度	内锚固段				水灰比	砂灰比	理论	实际	
S1	0.5	1	$\phi25 \times 1$	2002.9.13	水泥砂浆	0.39	1:1			
S2	0.5	1	$\phi25 \times 1$	2002.9.13		0.39	1:1			
S3	0.5	1	$\phi25 \times 1$	2002.9.13		0.39	1:1			
S4	0.5	1	$\phi25 \times 1$	2002.9.13		0.39	1:1			
S5	0.5	1	$\phi25 \times 1$	2002.9.13		0.39	1:1			
S6	0.5	1	$\phi25 \times 1$	2002.9.13		0.39	1:1			

六、试验结果与分析

试验从 2002 年 9 月 19 日开始，2002 年 9 月 24 日结束，按上述试验方法及要求所获得试验结果如图（附图 2-2）。

试验结果汇总分析列表如附表 2-5。

根据试验结果获得的荷载—变性曲线，可以把它分为两类：一类是每次加、卸荷过程中塑性变形的变化较大，可以到 0.1~1mm，表明这种变形是由于钢筋与水泥砂浆间已接近极限荷载引起的，2、3、4 号锚杆即是这种类型；另一种是加卸荷过程中塑性变形的变化较小，还没有达到水泥砂浆与钢筋间的剪切极限荷载，但是曲线表明材料已经屈服，钢筋的屈服曲线 1、5、6 号锚杆属于这种情况。这是由于锚固段是 1m 的条件下，钢筋强度和钢筋与水泥砂浆之间屈服强度接近的缘故。

试验得到该地段锚杆单位孔段极限抗拔力为 1.63kN/cm，推算出每根锚杆的极限拔力相差较小，其标准差仅为 0.077。说明试验的注浆质量均匀，质量控制较好。

根据 1、5、6 屈服强度平均值得出 $q_s = 2.08$，根据 2、3、4 极限荷载平均值得出 $q_r = 1.21$

本工程岩体没有工程附加荷载，工程作用力是崩塌岩块的自重，设计的每根锚杆的负荷远达不到钢筋的屈服荷载，所以试验得到的锚杆锚固力达到了本工程的设计要求。

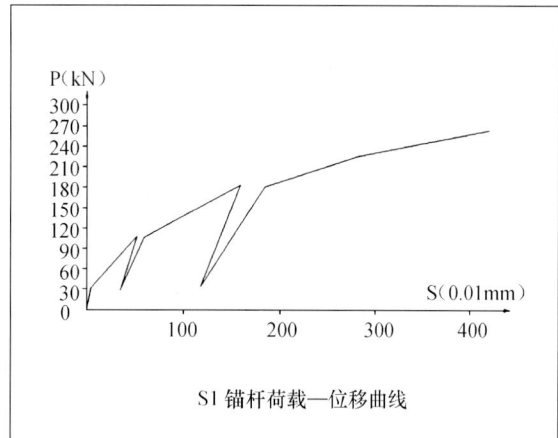

S1 锚杆荷载—位移曲线

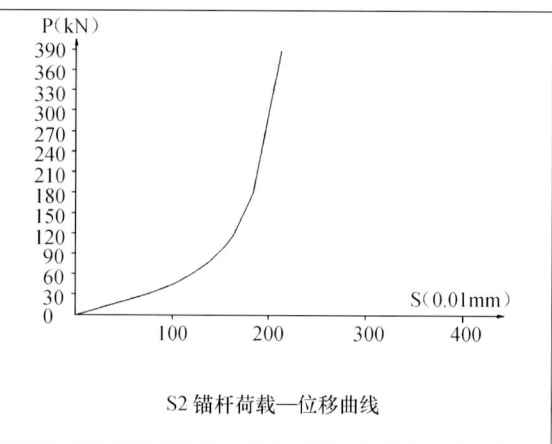

S2 锚杆荷载—位移曲线

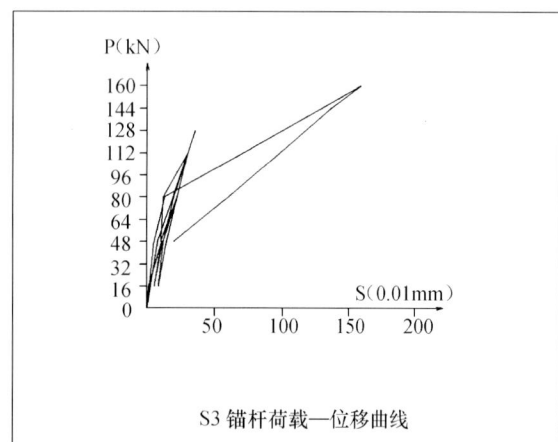

S3 锚杆荷载—位移曲线

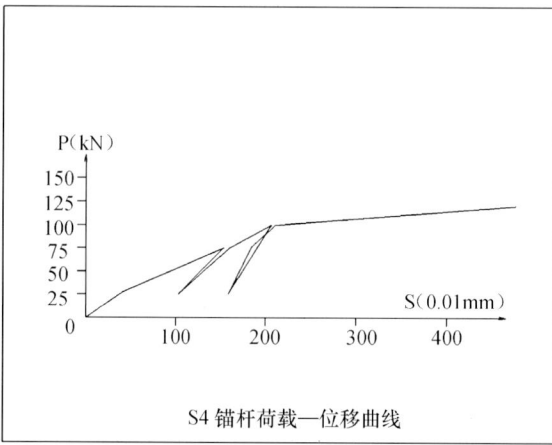

S4 锚杆荷载—位移曲线

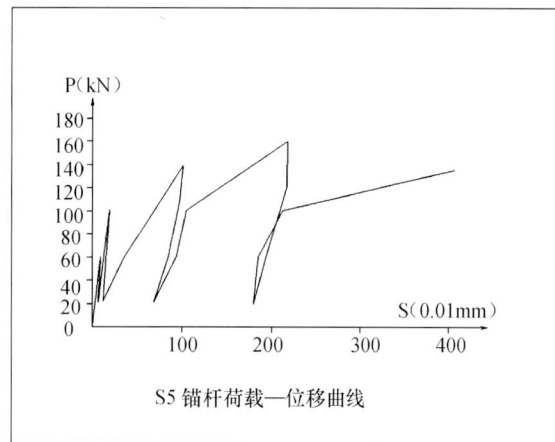

S5 锚杆荷载—位移曲线

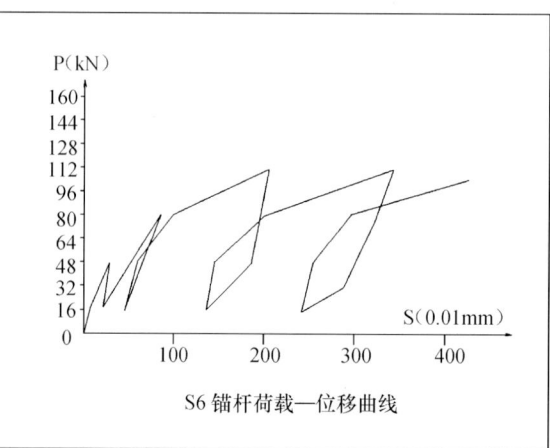

S6 锚杆荷载—位移曲线

附图 2-2　锚杆荷载—位移曲线

附表 2-5　北响堂围岩锚固锚杆拉拔试验结果

锚杆编号	锚固段长度（m）	外露段长度（m）	屈服强度（kN）	单位孔段抗拔力（kN/cm）	单位孔段抗拔力（kN/cm）	单位孔段抗拔力标准差	砂浆对锚杆的握裹力（kN）	钢筋平均屈服力（kN）
1	1.0	0.5	166.6	1.67			166.6	
2	1.0	0.5	155.7	1.56			155.7	
3	1.0	0.5	174.9	1.75	1.63	0.077	174.9	162.96
4	1.0	0.5	158.3	1.58			158.3	
5	1.0	0.5	166.6	1.67			166.6	
6	1.0	0.5	155.8	1.56			155.8	

附录三 工程大事记

2001 年

6月5日 国家文物局批复同意北响堂石窟加固保护工程设计方案（文物保函〔2001〕359号）。

2002 年

7月11日 河北省古代建筑保护研究所所长张立方、副所长刘智敏，二研室主任张长占、副主任刘清波及工程师赵仓群等到北响堂石窟，河北省文物局专家组成员刘东光，峰峰矿区文物保管所副所长张林堂共同检查工程前期工作，明确赵仓群为本工程项目负责人，负责整体保护工程施工管理工作，同时明确下一步抓紧进行化学粘接试验，进行化学粘接，降低窟区围墙，联系锚杆加固等工程内容。

8月6日 河北省古代建筑保护研究所设计人员朱新文、董兆祥，二研室主任张长占，省文物局专家组成员刘东光等到工地，核定锚杆加固工程内容。

8月20日 河北省古代建筑保护研究所所长张立方在单位会议室组织召开北响堂石窟加固保护工程图纸会审、交底会议，施工项目负责人赵仓群，二研室副主任刘清波，设计人员朱新文、董兆祥参加。针对设计文件中不明确的问题，设计人员与施工人员进行了充分讨论，明确了设计具体内容，工程做法，同时对于工程中出现的在原设计原则范围内小的补充、变更由现场掌握，以变更形式报单位同意后实施，大的变更按程序履行报批手续。

8月27日 国家文物局文物处处长许言，文物信息咨询中心总工王立平，辽宁考古所所长王晶辰等领导、专家到现场检查指导工作，参加检查的还有河北省文物局文物处副处长张文瑞，河北省文物局专家组成员刘东光，河北省古建所所长张立方、副所长刘智敏，二研室主任张长占、副主任刘清波，邯郸文物局局长郝良珍，峰峰矿区文化局局长陈宝顺，文物保管所副所长张林堂等。

9月20日 锚杆拉拔实验开始，锚杆加固工作正式开展。

10月22日 河北省文物局文物处处长郭瑞海，高级工程师王辉，计财处副处长王志敏，河北省文物局古建专家组成员刘东光，河北省古建专家组成员、河北省古建所所长张立方、副所长刘智敏等到工地进行河北省 2002 年度文物维修工程大检查，主要检查了工程质量、进度等，对工程前期进展及工程质量、进度等表示认可，同时指出工程下一步要注意文物资料收集，按文物科研项目对待工程，确保顺利完成工程。

12 月 10 日　由于气温下降，工程暂停工。

2003 年

3 月 5 日　工程复工。

4 月 30 日　按河北省古代建筑保护研究所统一要求，为预防"非典"，工程于 4 月 30 日暂停工，6 月 28 日复工。

9 月 10 日　国家文物局古建专家组成员、清华大学建筑学院副院长吕舟、辽宁有色勘察院总工兰立志到现场检查指导工作，参加检查的还有河北省文物局文物处处长郭瑞海，河北省文物局古建专家组成员刘东光，河北省古建所所长张立方、副所长刘智敏，主任张长占，峰峰矿区文物保管所所长张林堂等，针对锚杆加固、粘接加固等工程提出许多可行性建议，确定 7 窟前廊可考虑揭顶加固保护、原上部做轻钢保护棚保护的思路考虑，重新制订变更方案，经论证后履行报批手续。

12 月 6 日　由于气温下降，工程暂停工。

12 月 13 日　北响堂石窟加固保护工程 6、7 窟加固设计补充调整方案论证会在河北省古代建筑保护研究所召开，国家文物局专家组成员王立平、兰立志，河北省文物局文物处处长郭瑞海，高级工程师王辉，河北省古建所所长张立方、副所长刘智敏参加会议，项目负责人赵仓群汇报了补充调整方案，专家们经过认真讨论，原则同意方案内容，并提出修改意见，要求完善后尽快上报。

12 月 20 日　完成《北响堂石窟加固保护工程 6、7 窟加固设计补充调整》，于 2004 年 1 月呈报河北省文物局。

2004 年

3 月 1 日　工程复工。

4 月 18 日　危岩清除工作全部结束。

8 月 9 日　河北省古代建筑保护研究所邀请国家文物局专家组成员、辽宁有色勘察院总工兰立志到现场检查指导 6 窟加固保护工作，所长张立方、副所长刘智敏陪同。检查后要求 6 窟塔刹部位重新选用自然料石砌补，注意保护下部覆钵、莲柱等艺术构件的安全。

10月9日　国家文物局批复同意北响堂石窟加固保护工程补充调整方案（文物保函〔2004〕1304号）。

12月20日　完成《6、7窟设计补充调整补充说明》，于2005年1月呈报河北省文物局。

2005 年

3月　河北省文物局批复同意《6、7窟设计补充调整补充说明》内容，要求做好施工记录。

4月15日　河北省古代建筑保护研究所所长张立方、副所长刘智敏到现场检查指导刻经洞保护工作，焦渣顶已揭开，现状观察前廊顶部岩体已基本稳定，取消加锚杆加固措施，同时抓紧安排保护棚的施工。

6月20日　工程全面竣工。

2006 年

9月3日　国家文物局组织"响堂山石窟保护工程"验收专家组进行现场验收，认为该项保护维修工程符合验收标准，同意验收，并提议将其列为优良工程。

附录四　河北响堂山石窟竣工验收会议纪要

2006年9月2日，国家文物局机关服务中心受国家文物局文保司的委托，组织河北响堂山石窟竣工验收小组对河北省邯郸市峰峰矿区的全国重点文物保护单位"响堂山石窟保护工程"进行竣工验收，验收小组由张之平、崔兆忠、张克贵、兰立志、李永革等五位专家组成，国家文物局机关服务中心副主任邓贺鹰、国家文物局文保司文物处姚丞、张洪英参加了本次验收工作。参加本次验收的还有河北省文物局局长张立方、河北省文物局文物处处长刘智敏、河北省古代建筑保护研究所所长郭瑞海及施工单位负责人、项目负责人、地方政府和文物行政管理部门的负责人等。根据1997年国家文物局《关于做好国家重点文物保护维修工程竣工验收工作的通知》要求（文物保发〔1997〕40号），验收小组对竣工后的响堂山石窟文物保护工程现场进行了考察，认真听取设计、施工单位的竣工报告并审查了所提交的竣工资料，形成验收意见如下：

一、该工程能够严格以《中华人民共和国文物保护法》、《中国文物古迹保护准则》等法律法规及国家文物局批准的设计文件为施工依据，有较强的文物保护意识；技术路线正确，工程质量良好，外观整洁，保护棚架协调；施工组织管理规范，达到了维修加固工程的预期目标。

二、设计、施工一体化，能够按照实际情况和出现的问题，及时调整和完善设计方案，使技术措施合理得当。施工中注重科学试验，数据完整、详实，并对新发现的遗迹能够及时采取措施妥善保护。

三、施工技术资料及各类档案详细齐全，竣工资料完整、规范。

专家组认为该项保护维修工程符合验收标准，同意验收，并提议将其列为优良工程。

同时，验收小组对响堂山石窟今后的保护工作和监测内容提出以下建议：

一、对本次施工所用的粘接材料（环氧树脂）的稳定性、使用寿命等情况进行跟踪监测，检验它的加固效果，为今后的保护工作提供依据。

二、从文物保护的长期性考虑，应做好岩石风化的观察和监测工作，并据此提出石窟防风化的预案和保护措施。

三、石窟经加固后，窟内的渗水病害得到了有效控制，但仍然存在岩体裂隙水和窟内渗水的现象，应进一步做好监测工作，制订保护措施以最大限度地控制水渗漏对石窟造成的危害。

"响堂山石窟保护工程"竣工验收小组

张之平　崔兆忠　张克贵　李永革　兰立志

2006年9月5日

附：北响堂石窟加固保护工程验收会议专家签到表

姓 名	单 位	职务/职称	签 名
张之平	中国文物研究所	高级工程师	
崔兆忠	中国文物研究所	教授级高级工程师	
张克贵	故宫博物院	高级工程师	
李永革	故宫博物院	高级工程师	
兰立志	辽宁有色一〇一勘察研究院	高级工程师	

注：兰立志高级工程师因其他会议未能到现场，审阅了全部竣工资料，同意通过验收，特此说明。

附录五 6、7窟加固保护设计补充调整项目过程记录表

序号	时间	主要事项	备注
1	2002.8	现场负责人赵仓群与刘清波副主任研究，向河北省古代建筑保护研究所领导建议7窟不拆除石券，另行考虑其他方案。	
2	2002.8	国家文物局领导、专家现场检查时要求按原方案实施7窟保护	
3	2003.4	发现6窟立面砌石规整、有莲柱及有狮形构件，有似须弥座形砌石。并对7窟残损重新登记、分析，建议补充调整设计。	5、6月受"非典"影响暂停工
4	2003.7~8	工程项目部、工程顾问、矿区文保所共同研究，经慎重考虑，请示河北省古代建筑保护研究所领导组织专家现场重新论证7窟保护方案	
5	2003.9	制订7窟4种保护思路	
6	2003.9	河北省古代建筑保护研究所组织国家文物局专家现场检查指导工作，原则同意7窟保存石券，揭顶做防水，做轻钢保护棚的思路，并建议与6窟一同制订补充调整设计。	
7	2003.9~12	制订6、7窟设计补充调整报告初稿报河北省古代建筑保护研究所领导审核	
8	2003.12.13	河北省古代建筑保护研究所组织国家文物局专家召开专题会，讨论6、7窟设计补充调整内容，原则同意，并提出部分修正意见	
9	2003.12.18	按专家意见，完成6、7窟设计补充调整报告	
10	2004.10.8	国家文物局批复"原则同意"，并提出深化设计要求	文物保函2004〔1304号〕
11	2004.12.31	完成深化设计，按要求上报省文物局	
12	2005.1.30	省文物局批复，同意按深化设计内容实施	冀文物发〔2005〕17号

注：本表由赵仓群整理。

附录六 北响堂石窟加固保护工程锚杆设计、变更、施工对比统计表

石窟编号	危岩体编号	原设计 锚杆编号	原设计 非锚固段长度 L_f(m)	原设计 锚固段长度 L_a(m)	原设计 锚杆总长(m)	原设计 锚杆类型	原设计 II型总长(m)	原设计 I型总长(m)	变更设计 锚杆编号	变更设计 非锚固段长度 L_f(m)	变更设计 锚固段长度 L_a(m)	变更设计 锚杆总长(m)	变更设计 锚杆类型	变更设计 II型总长(m)	变更设计 I型总长(m)	现场施工 锚杆编号	现场施工 非锚固段长度 L_f(m)	现场施工 锚固段长度 L_a(m)	现场施工 锚杆总长(m)	现场施工 锚杆类型	现场施工 II型总长(m)	现场施工 I型总长(m)
1窟	1-1	1	0.60	2.00	2.60	II			1	1.00	2.00	3.00	II			1	1.00	2.00	3.00	II		
		2	0.60	2.00	2.60	II			2	1.00	2.00	3.00	II			2	1.00	2.00	3.00	II		
		3	2.50	2.00	4.50	II			3	1.00	2.00	3.00	II			3	1.00	2.00	3.00	II		
	1-2	4	2.50	2.00	4.50	II			4	2.50	2.00	4.50	II			4	0.80	3.70	4.50	II		
		5	2.50	2.00	4.50	II			5	2.50	2.00	4.50	II			5	0.70	3.80	4.50	II		
		6	2.50	2.00	4.50	II			6	2.50	2.00	4.50	II			6	0.56	3.94	4.50	II		
		7	2.50	2.00	4.50	II			7	2.50	2.00	4.50	II			7	1.00	3.50	4.50	II		
		8	2.50	2.00	4.50	II			8	2.50	2.00	4.50	II			8	0.90	3.60	4.50	II		
		9	2.50	2.00	4.50	II			9	2.40	2.00	4.40	II			9	2.40	2.00	4.40	II		
		10	2.50	2.00	4.50	II			10	4.50	2.60	7.10	I			10	4.20	2.90	7.10	I		
		11	2.50	2.00	4.50	II			11	4.50	2.60	7.10	I			11	3.50	3.60	7.10	I		
		12	2.50	2.00	4.50	II			12	4.50	2.60	7.10	I			12	4.10	3.00	7.10	I		
		13	2.50	2.00	4.50	II			13	4.50	2.60	7.10	I			13	4.00	3.10	7.10	I		
		14	2.50	2.00	4.50	II			14	4.50	2.60	7.10	I			14	3.90	3.20	7.10	I		
	1-3	15	2.50	2.00	4.50	II			15	2.20	2.00	4.20	II			15	2.20	2.00	4.20	II		
		16	2.50	2.00	4.50	II			16	2.20	2.00	4.20	II			16	1.32	2.88	4.20	II		
		17	2.50	2.00	4.50	II			17	2.20	2.00	4.20	II			17	2.20	2.00	4.20	II		
		18	2.20	2.00	4.20	II			18	2.20	2.00	4.20	II			18	2.20	2.00	4.20	II		
	1-4	19	2.20	2.00	4.20	II			19	3.50	2.60	6.10	I			19	2.00	4.10	6.10	I		
		20	2.20	2.00	4.20	II			20	3.50	2.60	6.10	I			20	1.85	4.25	6.10	I		

附录六　北响堂石窟加固保护工程锚杆设计、变更、施工对比统计表

续表

石窟编号	危岩体编号	原设计							变更设计							现场施工						
		锚杆编号	非锚固段长度 L_f(m)	锚固段长度 L_a(m)	锚杆总长(m)	锚杆类型	Ⅱ型总长(m)	Ⅰ型总长(m)	锚杆编号	非锚固段长度 L_f(m)	锚固段长度 L_a(m)	锚杆总长(m)	锚杆类型	Ⅱ型总长(m)	Ⅰ型总长(m)	锚杆编号	非锚固段长度 L_f(m)	锚固段长度 L_a(m)	锚杆总长(m)	锚杆类型	Ⅱ型总长(m)	Ⅰ型总长(m)
1窟	1-5	21	2.20	2.00	4.20	Ⅱ			21	3.50	2.60	6.10	Ⅰ			21	1.50	4.60	6.10	Ⅰ		
		22	1.50	1.50	3.00	Ⅱ			22	1.00	2.00	3.00	Ⅱ			22	0.80	2.20	3.00	Ⅱ		
		23	1.00	2.00	3.00	Ⅱ			23	4.50	2.60	7.10	Ⅰ			23	1.50	5.60	7.10	Ⅰ		
		24	1.50	2.00	3.50	Ⅱ			24	4.50	2.60	7.10	Ⅰ			24	1.90	5.20	7.10	Ⅰ		
		25	1.50	2.00	3.50	Ⅱ	102.50		25	4.50	2.60	7.10	Ⅰ		75.10	25	2.10	5.00	7.10	Ⅰ		75.10
2窟	2-1	26	0.60	2.00	2.60	Ⅱ	2.60		26	0.50	2.00	2.50	Ⅱ			26*	0.50	1.00	1.50	Ⅱ		
	2-2								26-1	0.50	2.00	2.50	Ⅱ			26-1*	0.50	2.00	2.50	Ⅱ		
									26-2	0.50	2.00	2.50	Ⅱ	6.50		26-2*	0.90	1.60	2.50	Ⅱ	6.50	
3窟	3-1	27	3.10	2.60	5.70	Ⅰ			27	3.10	2.60	5.70	Ⅰ			27	3.10	2.60	5.70	Ⅰ		
		28	3.50	2.60	6.10	Ⅰ			28	3.50	2.60	6.10	Ⅰ			28	3.50	2.60	6.10	Ⅰ		
		29	3.80	2.60	6.40	Ⅰ			29	3.80	2.60	6.40	Ⅰ			29	3.80	2.60	6.40	Ⅰ		
		30	4.15	2.60	6.75	Ⅰ			30	4.15	2.60	6.75	Ⅰ			30	4.15	2.60	6.75	Ⅰ		
		31	4.50	2.60	7.10	Ⅰ			31	4.50	2.60	7.10	Ⅰ			31	4.50	2.60	7.10	Ⅰ		
		32	4.80	2.60	7.40	Ⅰ			32	4.80	2.60	7.40	Ⅰ			32	4.80	2.60	7.40	Ⅰ		
		33	5.10	2.60	7.70	Ⅰ			33	5.10	2.60	7.70	Ⅰ			33	5.10	2.60	7.70	Ⅰ		
		34	4.60	2.60	7.20	Ⅰ			34	4.60	2.60	7.20	Ⅰ			34	4.60	2.60	7.20	Ⅰ		
		35	4.20	2.60	6.80	Ⅰ			35	4.20	2.60	6.80	Ⅰ			35	4.80	2.60	7.40	Ⅰ		
		36	3.80	2.60	6.40	Ⅰ			36	3.80	2.60	6.40	Ⅰ			36	4.20	2.60	6.80	Ⅰ		
		37	3.30	2.60	5.90	Ⅰ			37	3.30	2.60	5.90	Ⅰ			37	3.60	2.60	6.20	Ⅰ		
		38	2.80	2.60	5.40	Ⅰ			38	2.80	2.60	5.40	Ⅰ			38	3.80	2.60	6.40	Ⅰ		

续表

石窟编号	危岩体编号	\multicolumn{7}{c|}{原设计}	\multicolumn{7}{c|}{变更设计}	\multicolumn{7}{c|}{现场施工}
		锚杆编号	非锚固段长度L_f(m)	锚固段长度L_a(m)	锚杆总长(m)	锚杆类型	Ⅱ型总长(m)	Ⅰ型总长(m)	锚杆编号	非锚固段长度L_f(m)	锚固段长度L_a(m)	锚杆总长(m)	锚杆类型	Ⅱ型总长(m)	Ⅰ型总长(m)	锚杆编号	非锚固段长度L_f(m)	锚固段长度L_a(m)	锚杆总长(m)	锚杆类型	Ⅱ型总长(m)	Ⅰ型总长(m)
4窟	4-1	39	2.30	2.60	4.90	Ⅰ		88.15	39	2.30	2.60	4.90	Ⅰ		88.15	39	2.30	2.60	4.90	Ⅰ		89.95
		40	1.80	2.60	4.40	Ⅰ			40	1.80	2.60	4.40	Ⅰ			40	2.30	2.60	4.90	Ⅰ		
		41	7.50	2.60	10.10	Ⅰ			41	7.50	2.60	10.10	Ⅰ			41	7.50	2.60	10.10	Ⅰ		
		42	7.00	2.60	9.60	Ⅰ			42	7.00	2.60	9.60	Ⅰ			42*	7.50	2.10	9.60	Ⅰ		
		43	6.50	2.60	9.10	Ⅰ			43	6.50	2.60	9.10	Ⅰ			43	3.70	5.40	9.10	Ⅰ		
		44	6.00	2.60	8.60	Ⅰ			44	6.00	2.60	8.60	Ⅰ			44	1.90	6.70	8.60	Ⅰ		
		45	5.50	2.60	8.10	Ⅰ			45	5.50	2.60	8.10	Ⅰ			45	2.60	5.50	8.10	Ⅰ		
		46	7.50	2.60	10.10	Ⅰ			46	7.50	2.60	10.10	Ⅰ			46*	7.90	2.20	10.10	Ⅰ		
		47	7.00	2.60	9.60	Ⅰ			47	7.00	2.60	9.60	Ⅰ			47*	7.80	1.80	9.60	Ⅰ		
		48	6.50	2.60	9.10	Ⅰ			48	6.50	2.60	9.10	Ⅰ			48	5.80	3.30	9.10	Ⅰ		
	4-2	49	6.00	2.60	8.60	Ⅰ			49	6.00	2.60	8.60	Ⅰ			49	2.10	6.50	8.60	Ⅰ		
		50	5.50	2.60	8.10	Ⅰ			50	5.50	2.60	8.10	Ⅰ			50	2.70	5.40	8.10	Ⅰ		
		51	6.80	2.00	8.80	Ⅱ	99.80		51	6.20	2.60	8.80	Ⅰ		107.30	51	1.90	6.90	8.80	Ⅰ		107.30
	4-3	52	3.50	2.00	5.50	Ⅱ			51-1	4.90	2.60	7.50	Ⅰ			51-1	2.90	4.60	7.50	Ⅰ		
									52	1.00	2.00	3.00	Ⅱ	9.00		52	1.00	2.00	3.00	Ⅱ	9.00	
									52-1	1.00	2.00	3.00	Ⅱ			52-1	1.00	2.00	3.00	Ⅱ		
									52-2	1.00	2.00	3.00	Ⅱ			52-2	1.00	2.00	3.00	Ⅱ		
6-1龛	6-1龛-1	无							52-3	4.50	2.60	7.10	Ⅰ		26.00	52-3	4.50	2.60	7.10	Ⅰ		26.00
									52-4	5.70	2.60	8.30	Ⅰ			52-4	5.70	2.60	8.30	Ⅰ		
									52-5	3.80	2.60	6.40	Ⅰ			52-5	3.80	2.60	6.40	Ⅰ		
									52-6	1.60	2.60	4.20	Ⅰ			52-6	1.60	2.60	4.20	Ⅰ		

附录六 北响堂石窟加固保护工程锚杆设计、变更、施工对比统计表

续表

石窟编号	危岩体编号	原设计							变更设计							现场施工						
		锚杆编号	非锚固段长度 L_f(m)	锚固段长度 L_a(m)	锚杆总长(m)	锚杆类型	Ⅱ型总长(m)	Ⅰ型总长(m)	锚杆编号	非锚固段长度 L_f(m)	锚固段长度 L_a(m)	锚杆总长(m)	锚杆类型	Ⅱ型总长(m)	Ⅰ型总长(m)	锚杆编号	非锚固段长度 L_f(m)	锚固段长度 L_a(m)	锚杆总长(m)	锚杆类型	Ⅱ型总长(m)	Ⅰ型总长(m)
6窟	6-1	53	0.30	0.60	0.90	Ⅱ			53	0.30	0.60	0.90	Ⅱ			53*	0.30	0.60	0.90	Ⅱ		
		54	0.80	0.60	1.40	Ⅱ			54	0.80	0.60	1.40	Ⅱ			54*	0.80	0.60	1.40	Ⅱ		
		55	0.45	1.00	1.45	Ⅱ			55	0.45	1.00	1.45	Ⅱ			55*	0.45	1.00	1.45	Ⅱ		
	6-2	56	0.45	0.42	0.87	Ⅱ			56	0.45	0.42	0.87	Ⅱ			56*	0.45	0.42	0.87	Ⅱ		
		57	0.20	0.22	0.42	Ⅱ			57	0.20	0.22	0.42	Ⅱ			57*	0.20	0.22	0.42	Ⅱ		
		58	0.35	1.45	1.80	Ⅱ			58	0.35	1.45	1.80	Ⅱ			58*	0.35	1.45	1.80	Ⅱ		
	6-3	59	0.25	0.50	0.75	Ⅱ			59	0.25	0.50	0.75	Ⅱ			59*	0.25	0.50	0.75	Ⅱ		
		60	0.30	1.00	1.30	Ⅱ			60	0.30	1.00	1.30	Ⅱ			60*	0.30	1.00	1.30	Ⅱ		
		61	0.80	2.00	2.80	Ⅰ			61	1.40	2.60	4.00	Ⅰ			61	1.20	2.80	4.00	Ⅰ		
		62	0.80	2.00	2.80	Ⅰ			62	1.40	2.60	4.00	Ⅰ			62	1.30	2.70	4.00	Ⅰ		
		63	0.80	2.00	2.80	Ⅰ			63	1.40	2.60	4.00	Ⅰ			63	1.25	2.75	4.00	Ⅰ		
		64	0.80	2.00	2.80	Ⅰ			64	1.40	2.60	4.00	Ⅰ			64	1.20	2.80	4.00	Ⅰ		
	6-4	无							63-1	2.00	2.00	4.00	Ⅱ			63-1	1.00	3.00	4.00	Ⅱ		
									63-2	3.00	2.00	5.00	Ⅱ			63-2	2.00	3.00	5.00	Ⅱ		
									63-3	2.00	2.00	4.00	Ⅱ			63-3	1.00	3.00	4.00	Ⅱ		
									63-4	3.00	2.00	5.00	Ⅱ			63-4	0.50	4.50	5.00	Ⅱ		
									64-1	1.00	2.00	3.00	Ⅱ			64-1*	1.50	1.50	3.00	Ⅱ		
									64-2	1.00	2.00	3.00	Ⅱ			64-2*	2.00	1.00	3.00	Ⅱ		
									64-3	1.00	2.00	3.00	Ⅱ			64-3*	2.00	1.00	3.00	Ⅱ		

续表

石窟编号	危岩体编号	原设计							变更设计							现场施工						
		锚杆编号	非锚固段长度 L_f(m)	锚固段长度 L_a(m)	锚杆总长(m)	锚杆类型	II型总长(m)	I型总长(m)	锚杆编号	非锚固段长度 L_f(m)	锚固段长度 L_a(m)	锚杆总长(m)	锚杆类型	II型总长(m)	I型总长(m)	锚杆编号	非锚固段长度 L_f(m)	锚固段长度 L_a(m)	锚杆总长(m)	锚杆类型	II型总长(m)	I型总长(m)
6窟	6-5								64-4	1.00	2.00	3.00	II			64-4	0.70	2.30	3.00	II		
									64-5	1.00	2.00	3.00	II			64-5	1.00	2.00	3.00	II		
		65	1.70	2.00	3.70	I			65	1.70	2.00	3.70	I			65	1.20	2.50	3.70	I		
		66	1.70	2.00	3.70	I			66	1.70	2.00	3.70	I			66	1.00	2.70	3.70	I		
		67	1.70	2.00	3.70	I	8.89	22.30	67	1.70	2.00	3.70	I	41.89	22.30	67	1.00	2.70	3.70	I		27.10
7窟	7-1	68	1.70	2.00	3.70	I			68	1.70	2.00	3.70	I			68*	1.52	2.18	3.70	I		
		69	1.50	2.00	3.50	I			69	1.50	2.00	3.50	I			69*	1.50	2.00	3.50	I		
		70	1.10	2.00	3.10	I			70	1.10	2.00	3.10	I			70*	1.50	1.60	3.10	I		
		71	0.45	2.00	2.45	II			71	0.45	2.00	2.45	II			71*	1.25	1.20	2.45	II		
	7-2								71-1	0.45	2.00	2.45	II			71-1	0.45	2.00	2.45	II		
									71-2	0.45	2.00	2.45	II			71-2	0.50	1.95	2.45	II		
									71-3	2.00	2.00	4.00	II			71-3	2.20	2.00	4.20	II		
									71-4	2.00	2.00	4.00	II			71-4	2.10	2.00	4.10	II		
									71-5	2.00	2.00	4.00	II			71-5	1.50	2.50	4.00	II	41.89	
	7-3	72	0.45	2.00	2.45	II			72	0.45	2.00	2.45	II			72	0.45	2.00	2.45	II		
		73	0.45	2.00	2.45	II			73	0.45	2.00	2.45	II			73	0.52	1.93	2.45	II		
		74	0.45	2.00	2.45	II	9.80	10.30	74	0.45	2.00	2.45	II	26.70	10.30	74	0.48	1.97	2.45	II	27.00	10.30

注:①窟危岩体编号按设计变更和现场施工中重新编号为准;②I型锚杆指锚孔孔径为80mm,锚杆直径为32mm的锚杆,II型锚杆指锚孔孔径为43mm,锚杆直径为25mm的锚杆;③"*"含义说明:如68*指锚杆按构造锚杆考虑,实际施工时,未按2米、2.6米控制其锚固段长度。

附录七 6窟立面砌石补充锚杆统计表

编号	倾角	长度（m）	类型
BM6-1	15°	2.90	Ⅲ
BM6-2	15°	2.00	Ⅲ
BM6-3	15°	2.60	Ⅲ
BM6-4	20°	1.50	Ⅲ
BM6-5	25°	4.00	Ⅲ
BM6-6	25°	4.60	Ⅲ
BM6-7	25°	4.60	Ⅲ
	合计	22.2	

注：Ⅲ型锚杆指锚孔孔径为60mm，锚杆直径为25mm的锚杆。

附录八　北响堂石窟加固保护工程锚钉统计表

锚钉编号	孔径（mm）	倾角	长度（m）	锚钉编号	孔径（mm）	倾角	长度（m）
N3-1	φ22	5°	0.38	Y3-28	φ34	10°	1.03
N3-2	φ22	5°	0.38	Y3-29	φ34	13°	1.3
N3-3	φ22	6°	0.38	Y3-30	φ34	10°	1.01
N3-4	φ22	5°	0.33	Y3-31	φ34	12°	1.3
N3-5	φ22	8°	0.38	Y3-32	φ34	11°	1.3
N3-6	φ22	8°	0.38	Y3-33	φ34	10°	1.04
N3-7	φ22	9°	0.36	Y3-34	φ22	9°	0.37
	小计		2.59	Y3-35	φ34	10°	1.38
Y3-1	φ22	5°	0.38	Y3-36	φ22	10°	0.36
Y3-2	φ22	6°	0.38	Y3-37	φ22	10°	0.36
Y3-3	φ22	7°	0.34	Y3-38	φ22	9°	0.37
Y3-4	φ22	5°	0.31	Y3-39	φ34	10°	1.3
Y3-5	φ22	7°	0.37	Y3-40	φ22	10°	0.36
Y3-6	φ22	5°	0.28	Y3-41	φ34	11°	1.38
Y3-7	φ22	5°	0.38	Y3-42	φ22	10°	0.37
Y3-8	φ22	6°	0.38	Y3-43	φ34	11°	1.35
Y3-9	φ22	5°	0.35	Y3-44	φ22	10°	0.33
Y3-10	φ22	5°	0.34	Y3-45	φ22	10°	0.34
Y3-11	φ22	8°	0.34	Y3-46	φ22	10°	0.34
Y3-12	φ22	5°	0.38	Y3-47	φ22	10°	0.37
Y3-13	φ22	7°	0.35	Y3-48	φ34	10°	1.38
Y3-14	φ22	5°	0.38	Y3-49	φ22	10°	0.39
Y3-15	φ22	7°	0.38	Y3-50	φ22	10°	0.37
Y3-16	φ22	5°	0.38	Y3-51	φ22	9°	0.36
Y3-17	φ22	5°	0.38	Y3-52	φ22	9°	0.37
Y3-18	φ22	8°	0.38	Y3-53	φ22	8°	0.38
Y3-19	φ22	5°	0.34	Y3-54	φ22	10°	0.39
Y3-20	φ22	6°	0.38	Y3-55	φ22	7°	0.39
Y3-21	φ22	5°	0.37	Y3-56	φ22	10°	0.37
Y3-22	φ22	7°	0.37	Y3-57	φ22	10°	0.39
Y3-23	φ34	9°	1.07	Y3-58	φ22	11°	0.37
Y3-24	φ34	8°	1.3	Y3-59	φ22	10°	0.38
Y3-25	φ22	10°	0.37	Y3-60	φ22	10°	0.38
Y3-26	φ34	11°	1.01	Y3-61	φ22	10°	0.38
Y3-27	φ34	13°	1.26	Y3-62	φ22	11°	0.37

附录八 北响堂石窟加固保护工程锚钉统计表

续表

锚钉编号	孔径（mm）	倾角	长度（m）	锚钉编号	孔径（mm）	倾角	长度（m）
Y3-63	φ22	9°	0.37	Y6-13	φ22	5°	0.38
Y3-64	φ22	9°	0.37	Y6-14	φ22	5°	0.39
Y3-65	φ22	8°	0.38	Y6-15	φ22	5°	0.39
Y3-66	φ22	10°	0.37	Y6-16	φ22	5°	0.39
Y3-67	φ22	10°	0.37	Y6-17	φ22	5°	0.39
Y3-68	φ34	10°	1.37	Y6-18	φ22	5°	0.38
Y3-69	φ22	9°	0.38	Y6-19	φ22	5°	0.38
Y3-70	φ22	11°	0.37	Y6-20	φ22	5°	0.38
Y3-71	φ22	9°	0.37	Y6-21	φ22	5°	0.38
Y3-72	φ22	8°	0.38	Y6-22	φ22	5°	0.38
Y3-73	φ22	9°	0.38	Y6-23	φ22	5°	0.37
Y3-74	φ22	10°	0.38	Y6-24	φ22	5°	0.39
Y3-75	φ22	10°	0.38	Y6-25	φ22	5°	0.38
Y3-76	φ22	12°	0.38	Y6-26	φ22	5°	0.39
Y3-77	φ22	12°	0.37	Y6-27	φ22	5°	0.39
Y3-78	φ22	11°	0.37	Y6-28	φ22	5°	0.39
Y3-79	φ22	11°	0.37	Y6-29	φ22	5°	0.39
Y3-80	φ22	10°	0.38	Y6-30	φ22	5°	0.38
小计			43.32	Y6-31	φ22	5°	0.38
Y6-1	φ22	5°	0.38	Y6-32	φ22	5°	0.38
Y6-2	φ22	5°	0.39	Y6-33	φ22	5°	0.38
Y6-3	φ22	5°	0.38	Y6-34	φ22	5°	0.38
Y6-4	φ22	5°	0.4	Y6-35	φ22	5°	0.38
Y6-5	φ22	5°	0.39	Y6-36	φ22	5°	0.38
Y6-6	φ22	5°	0.39	Y6-37	φ22	5°	0.38
Y6-7	φ22	5°	0.38	Y6-38	φ22	5°	0.38
Y6-8	φ22	5°	0.38	Y6-39	φ22	5°	0.38
Y6-9	φ22	5°	0.39	Y6-40	φ22	5°	0.38
Y6-10	φ22	5°	0.39	Y6-41	φ22	5°	0.38
Y6-11	φ22	5°	0.37	小计			15.72
Y6-12	φ22	5°	0.38	合计			61.63

续表

附录九 工程材料、试块检验报告

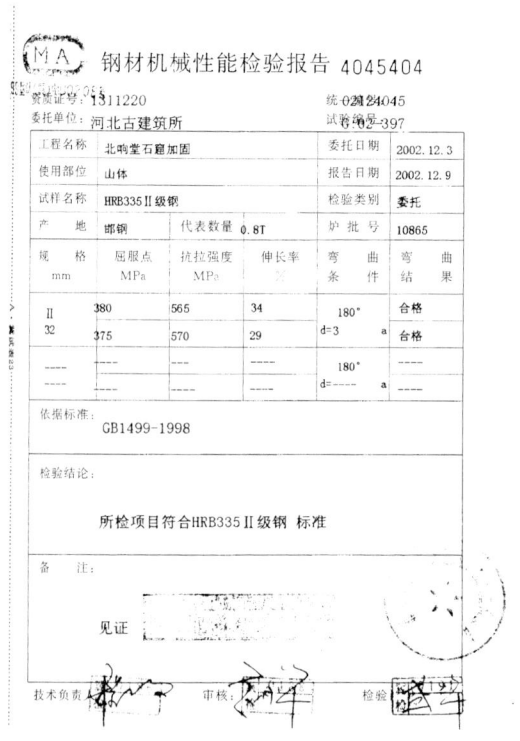

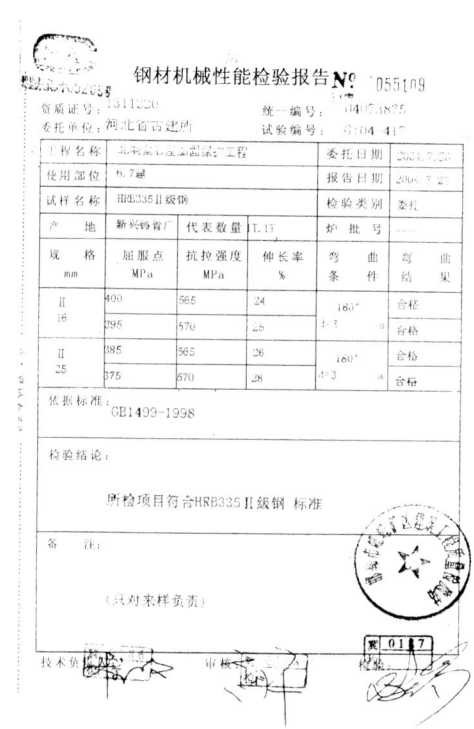

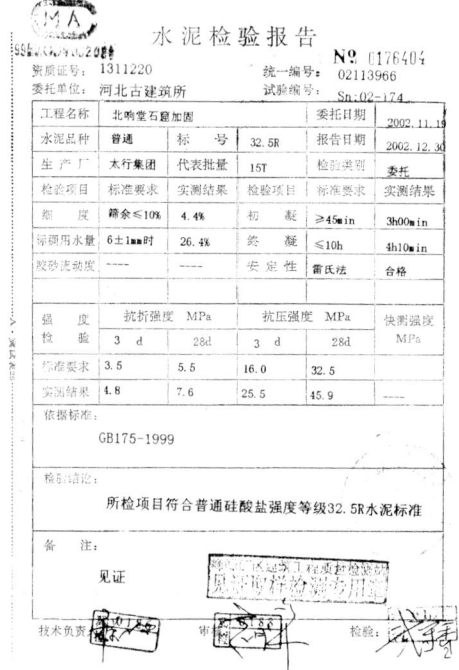

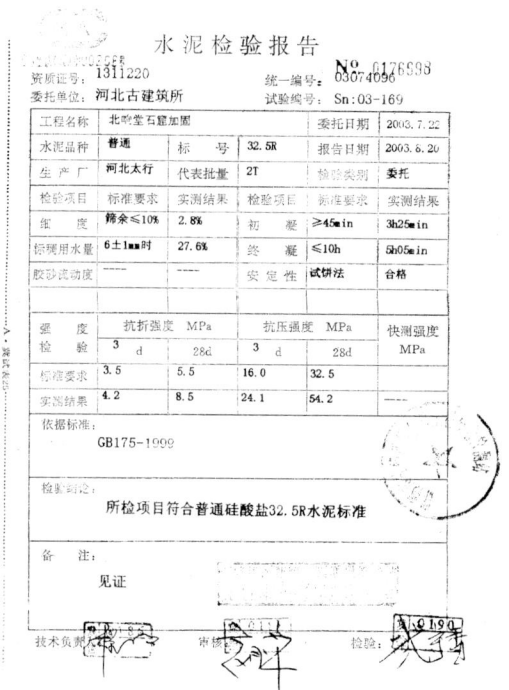

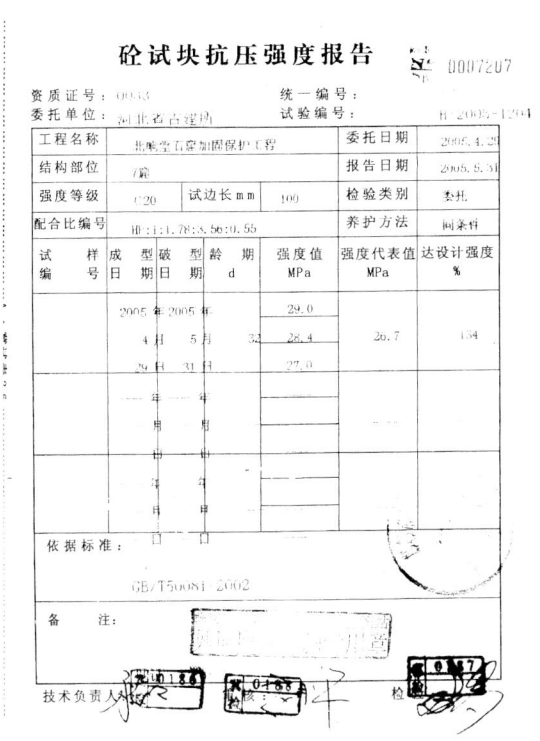
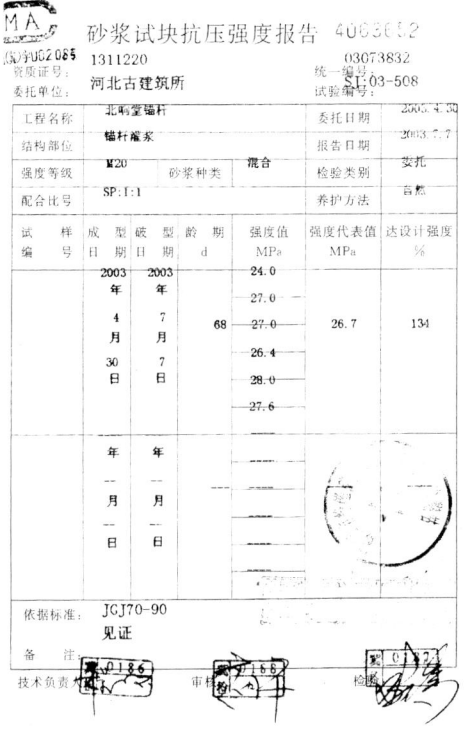

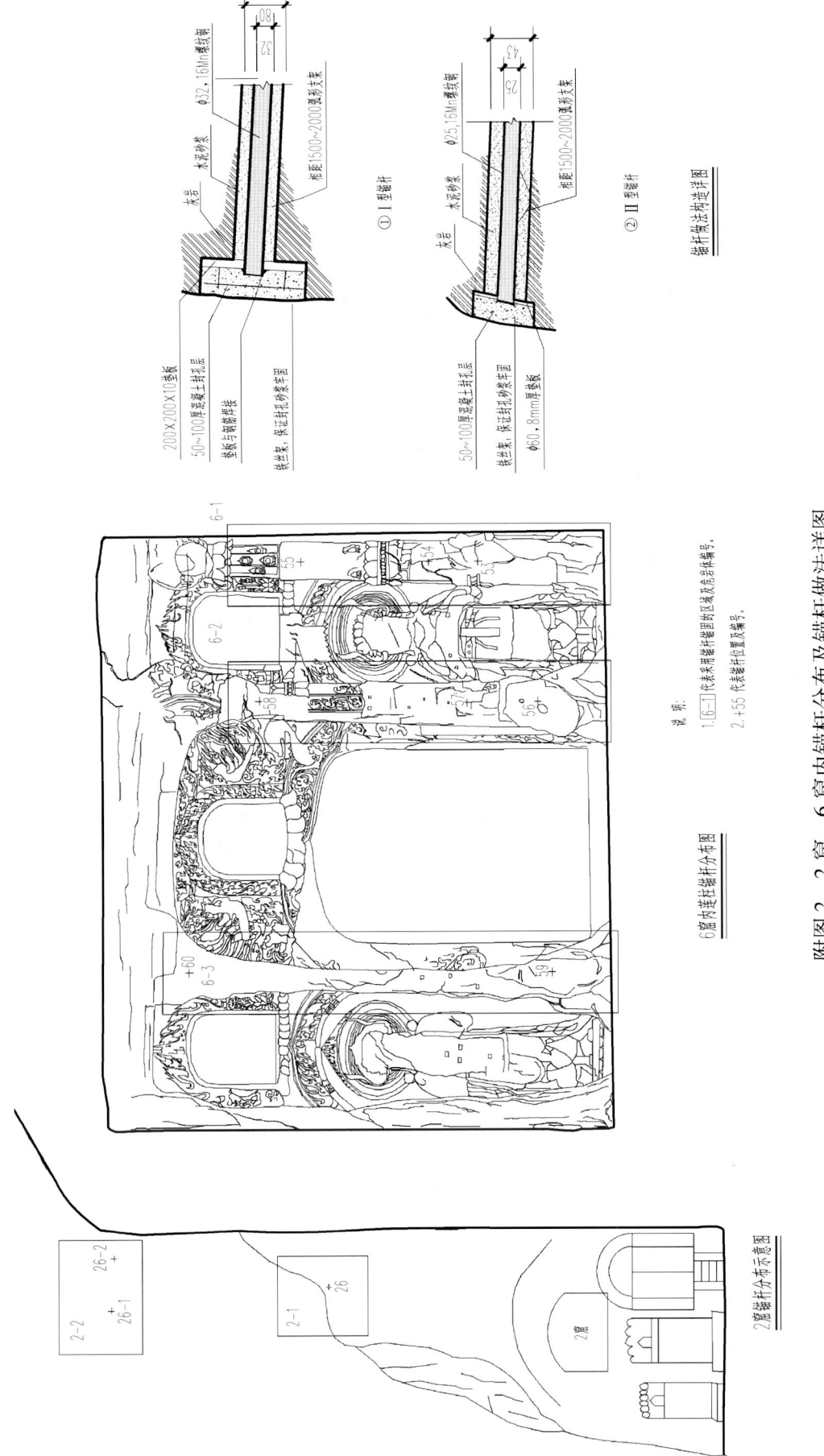

附图2 2窟、6窟内锚杆分布及锚杆做法详图

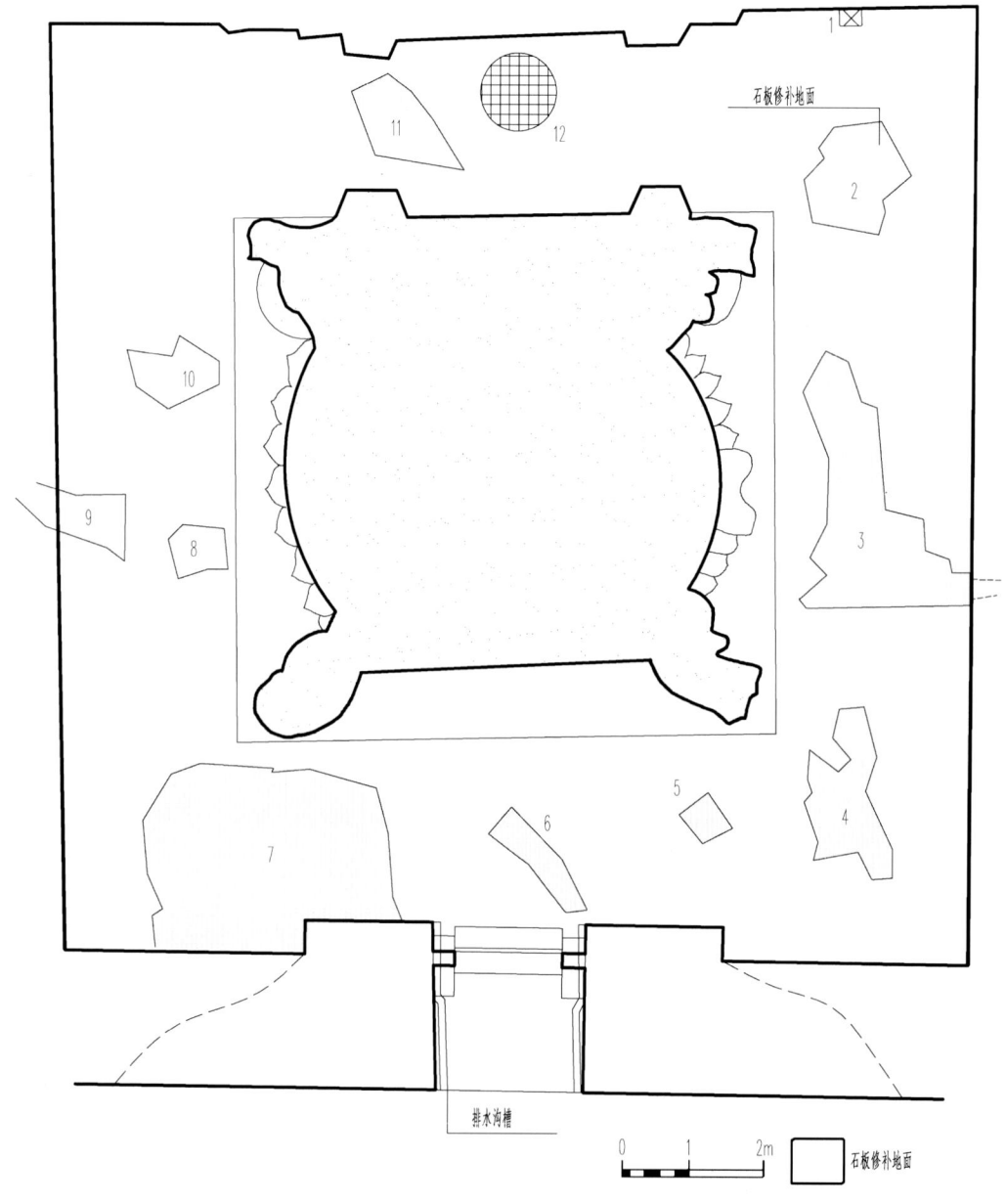

附图3　3窟平面图

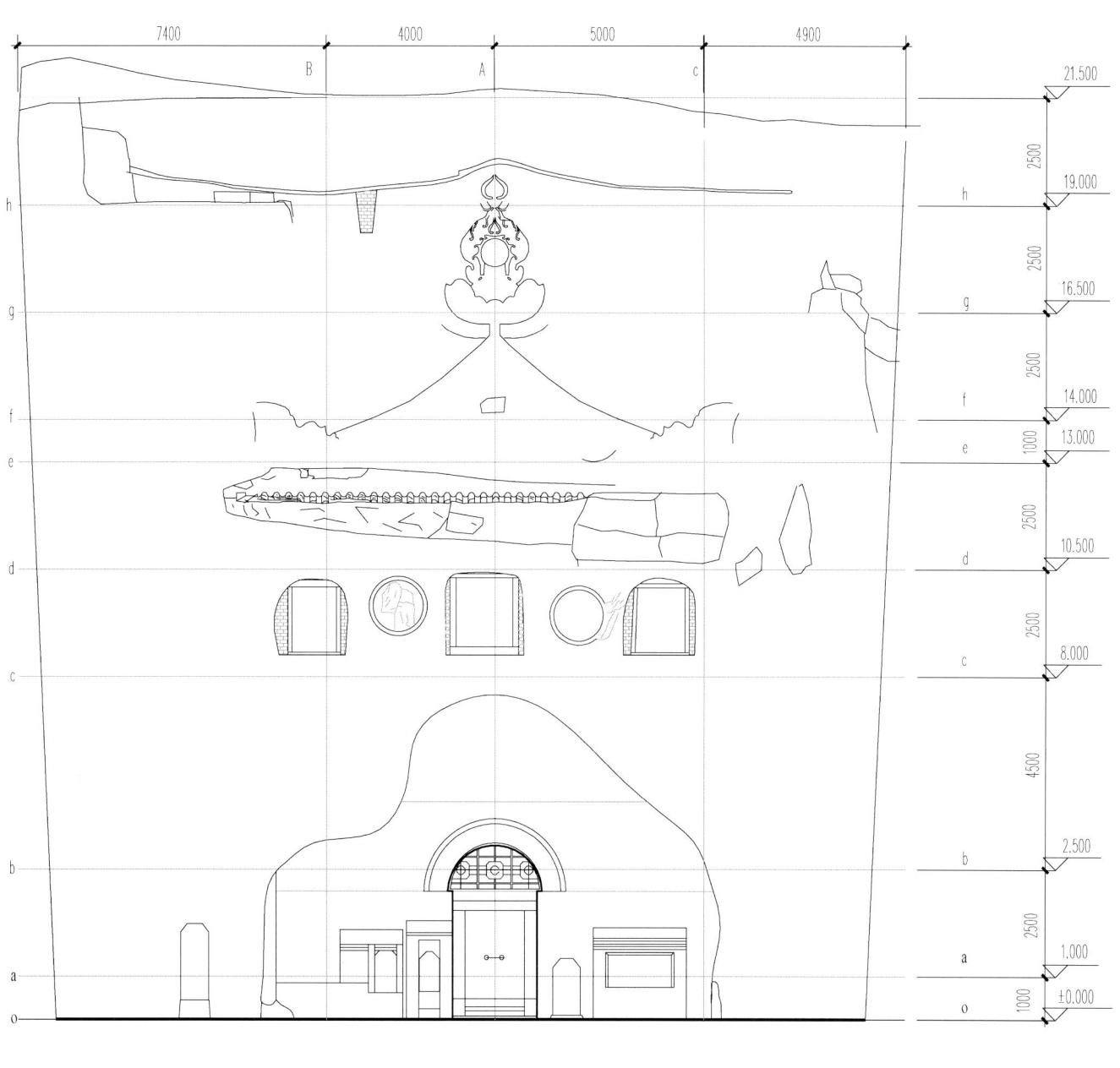

附图4　3窟立面图

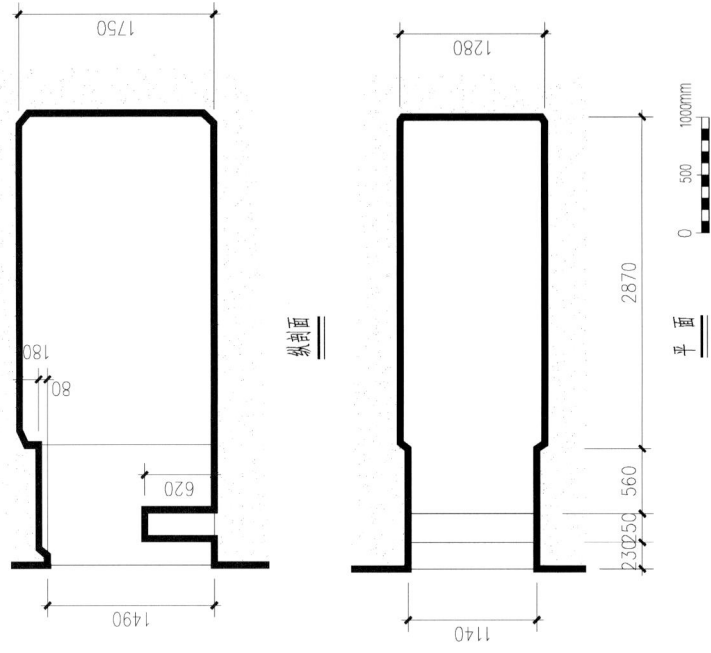

附图6 3窟"槽穴"详图

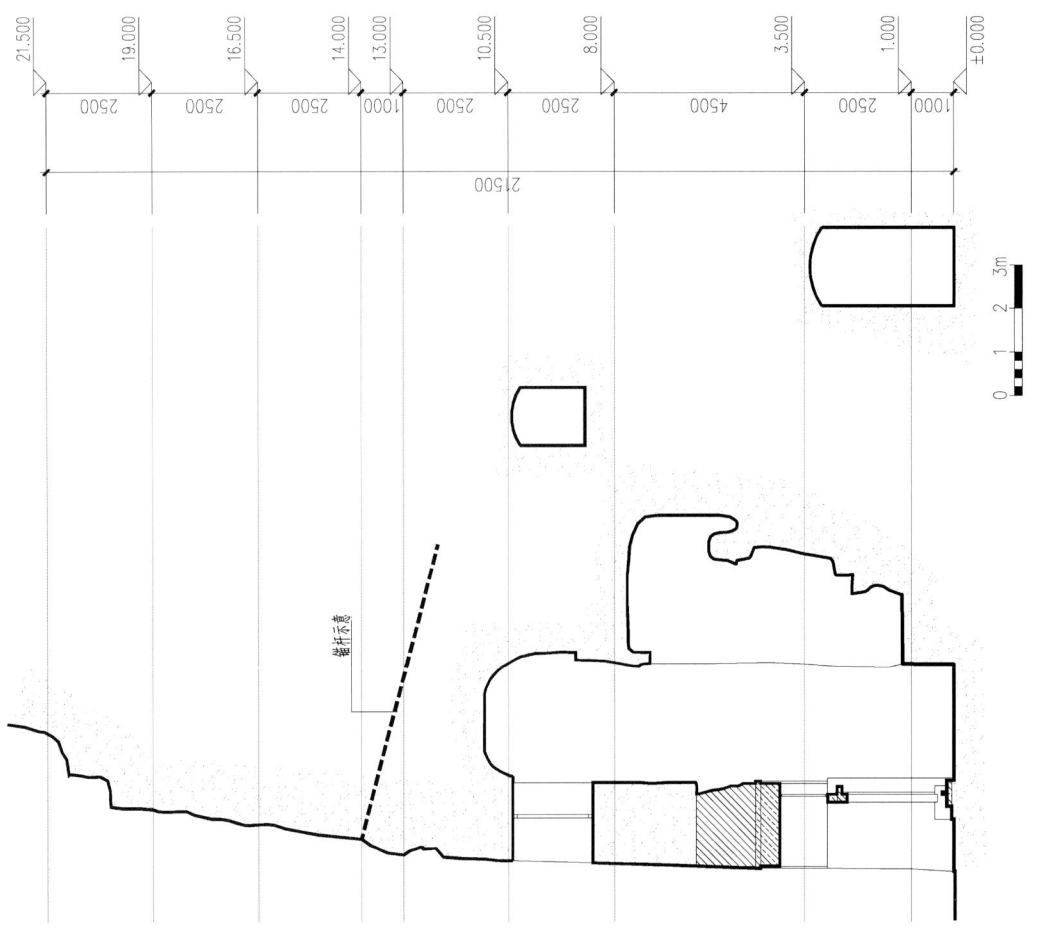

附图5 3窟剖面图

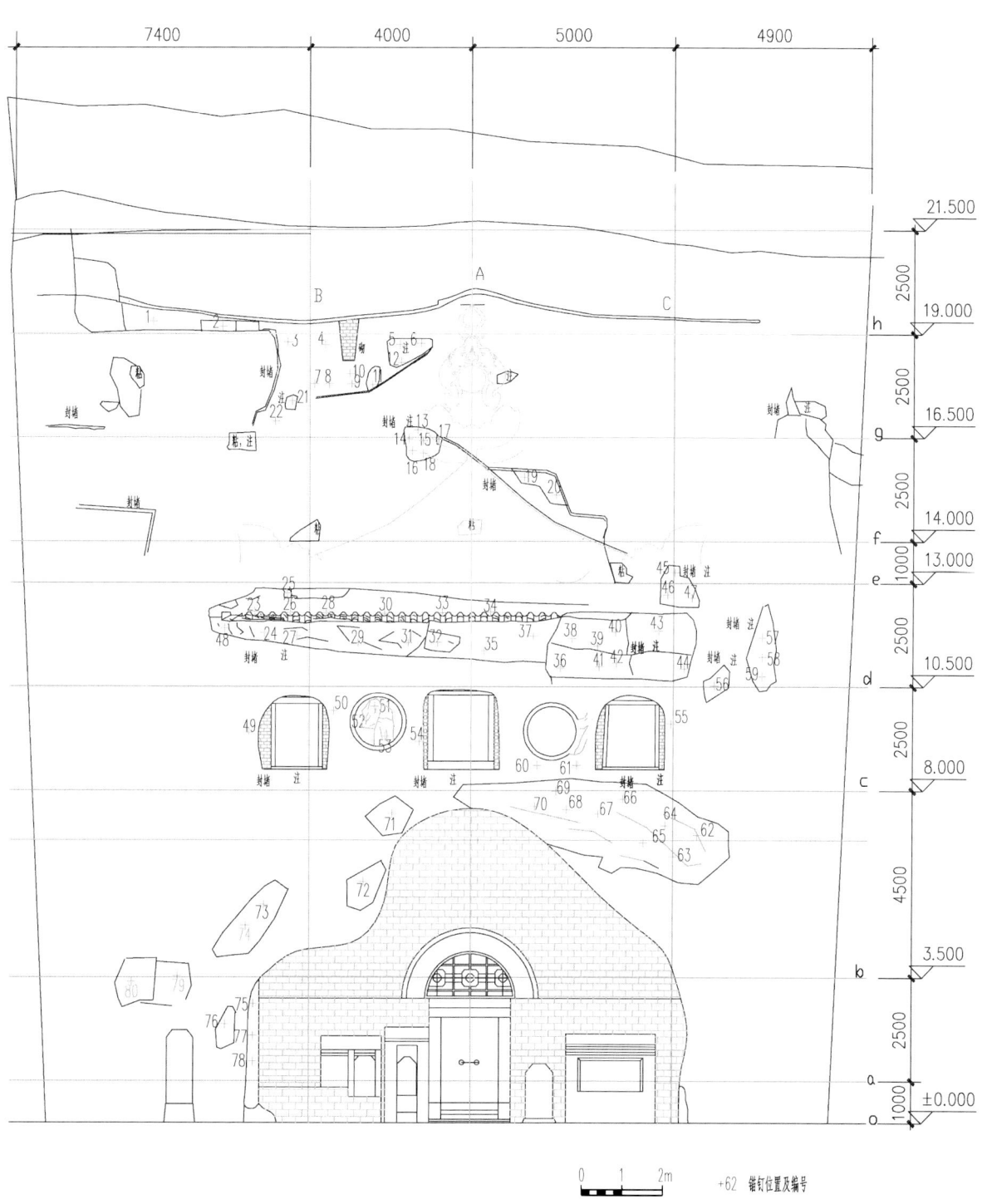

附图 7　3 窟立面加固图

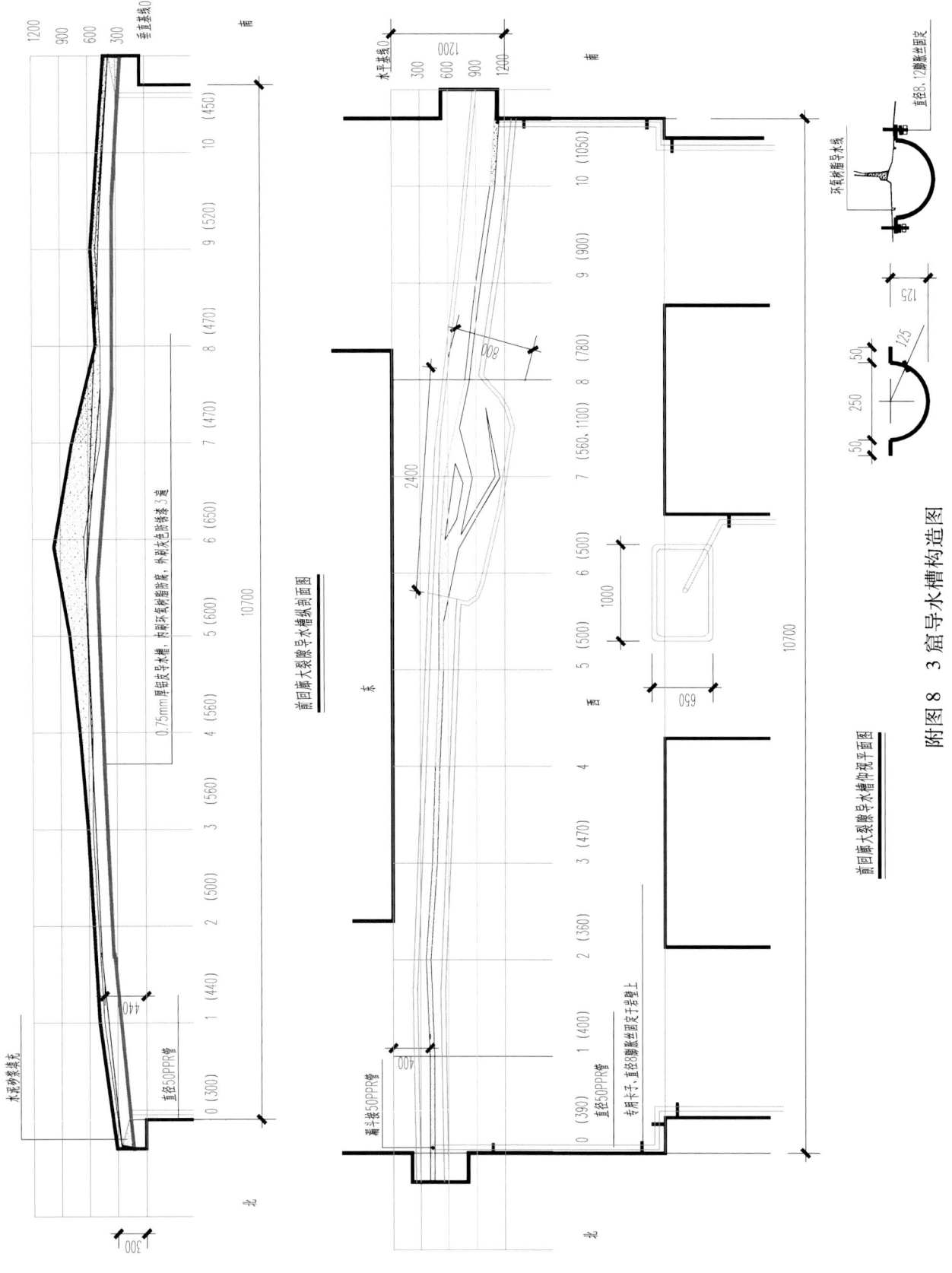

附图 8　3 窟导水槽构造图

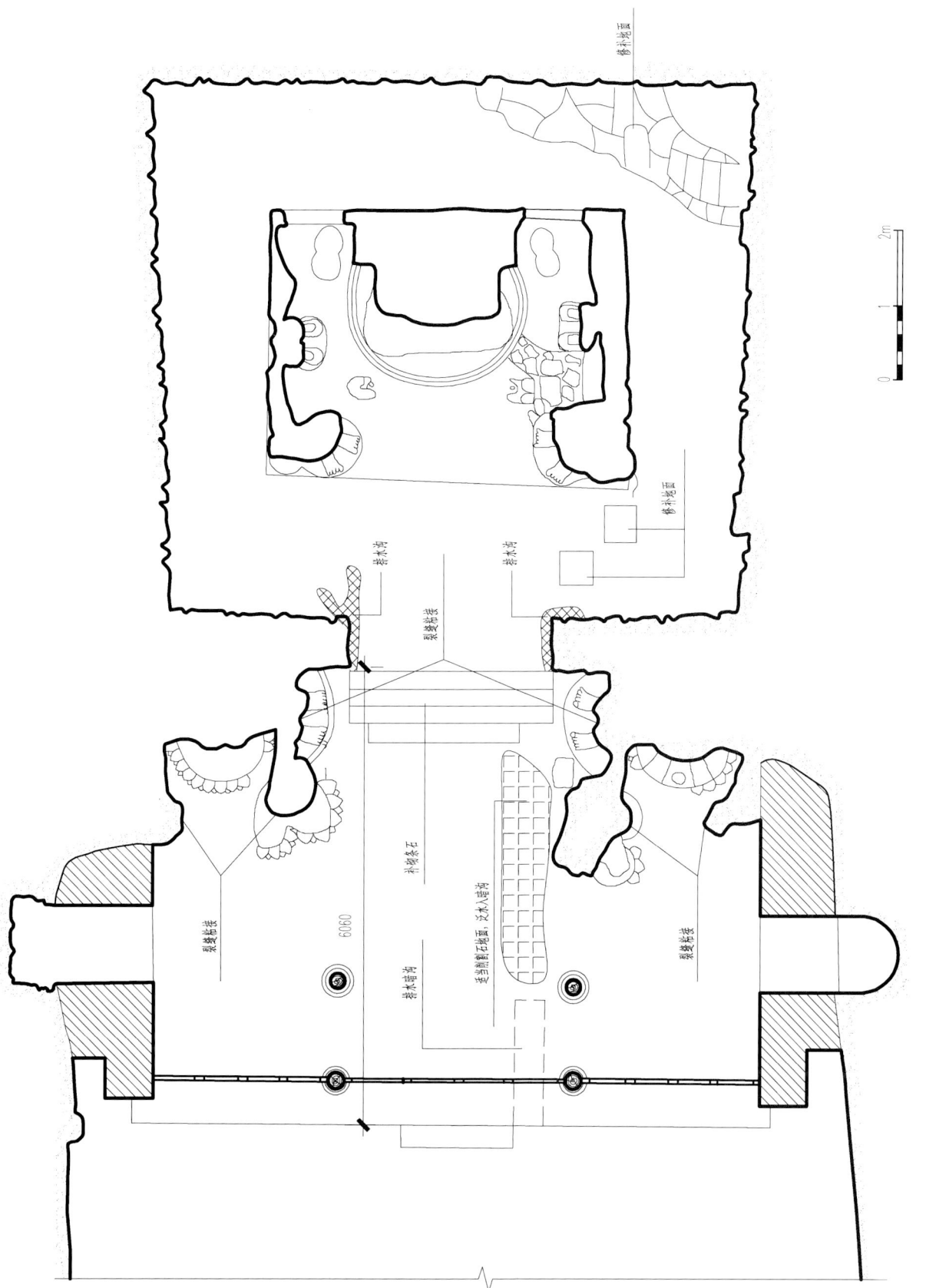

附图9 6窟平面图

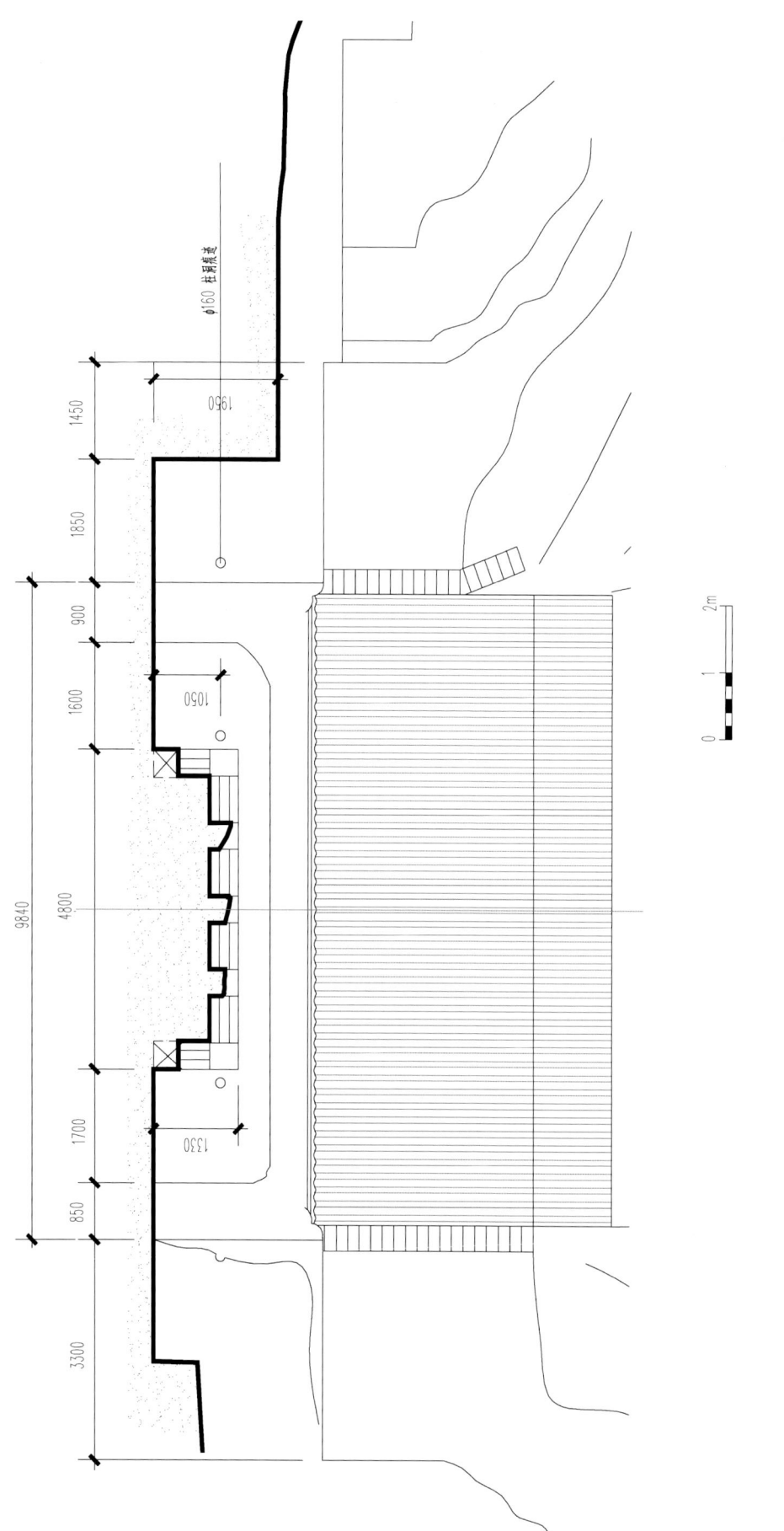

附图 10　6 窟外壁上部须弥座（塔刹座）平面图

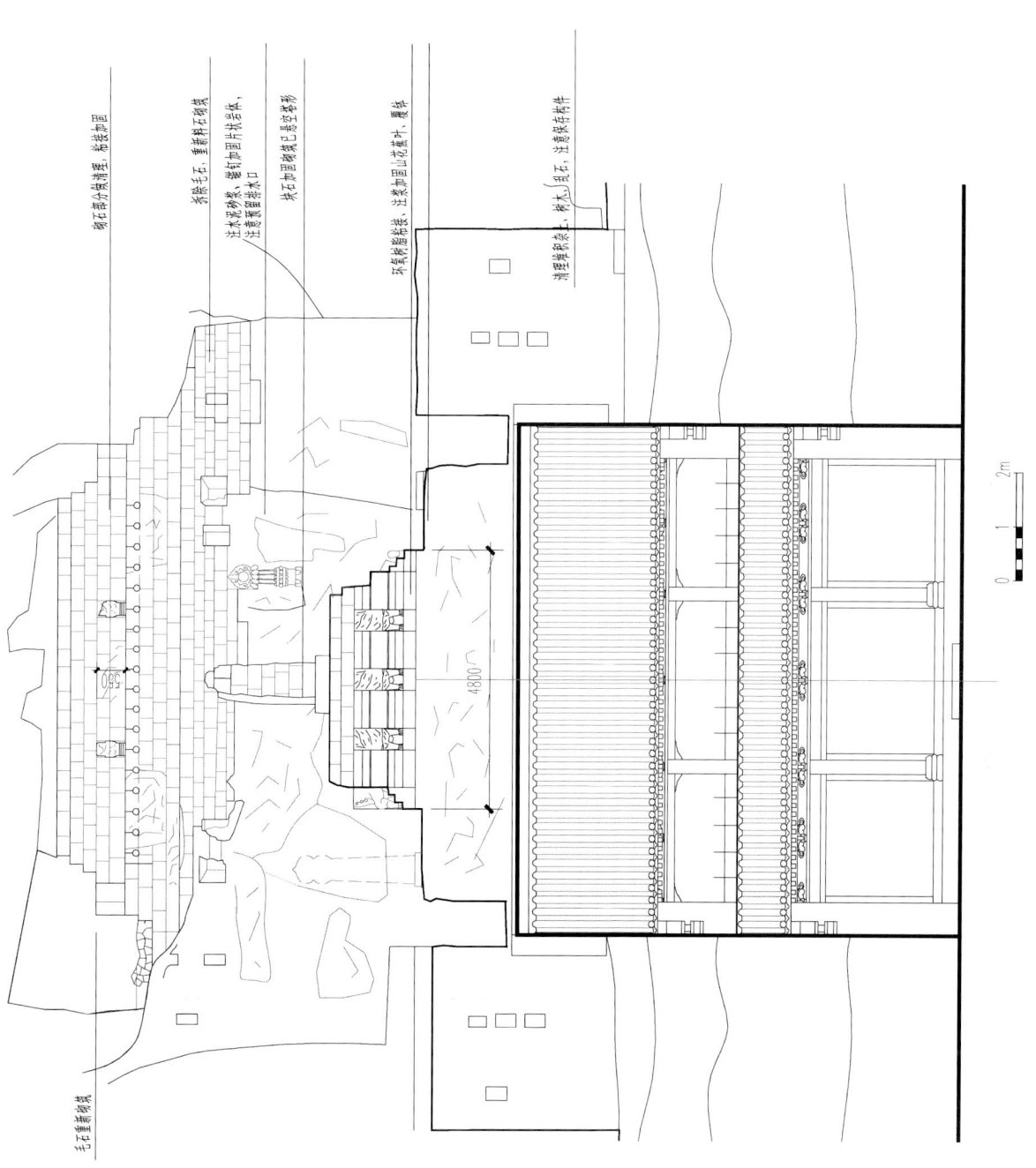

附图 11 6窟立面图

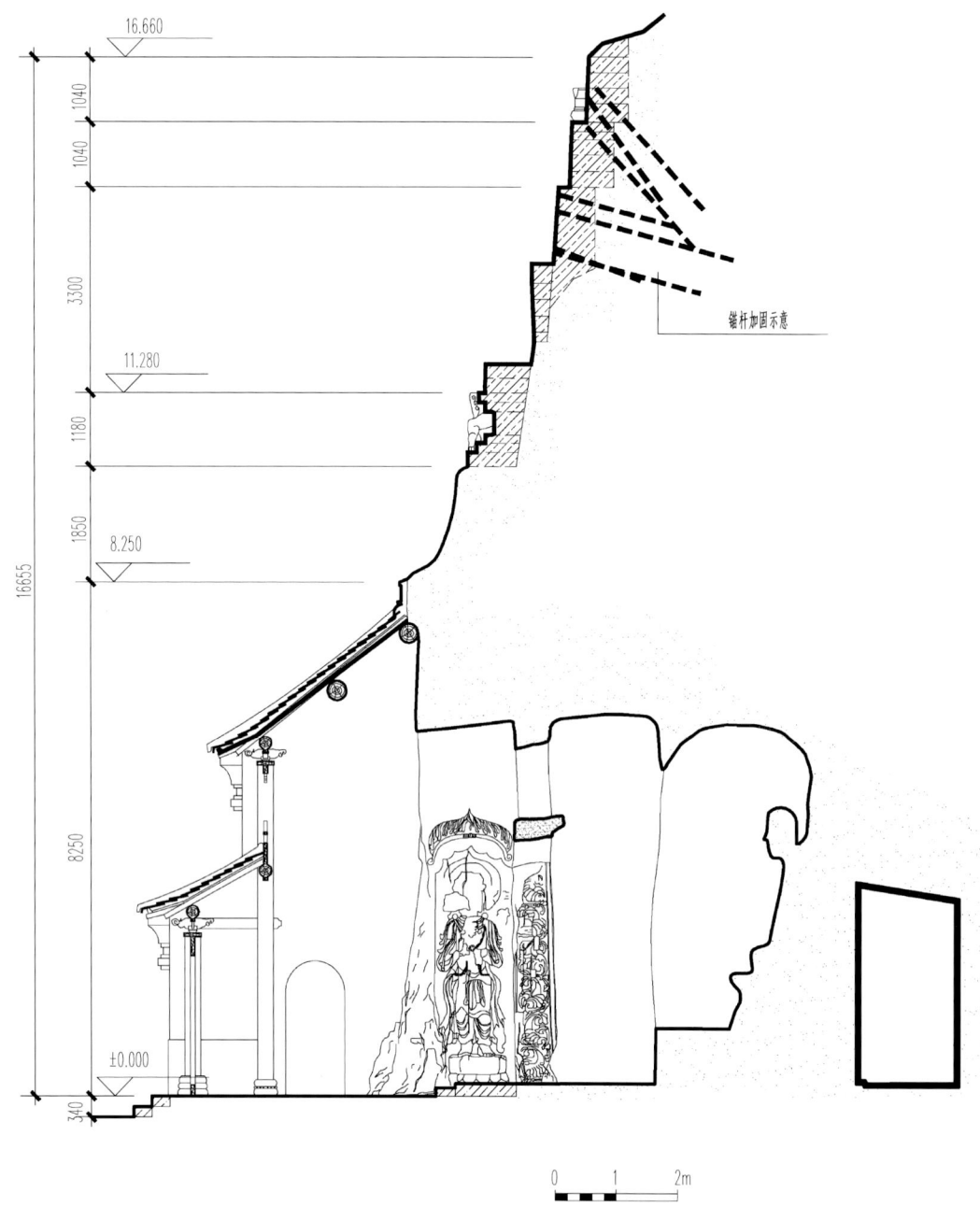

附图 12　6 窟剖面图

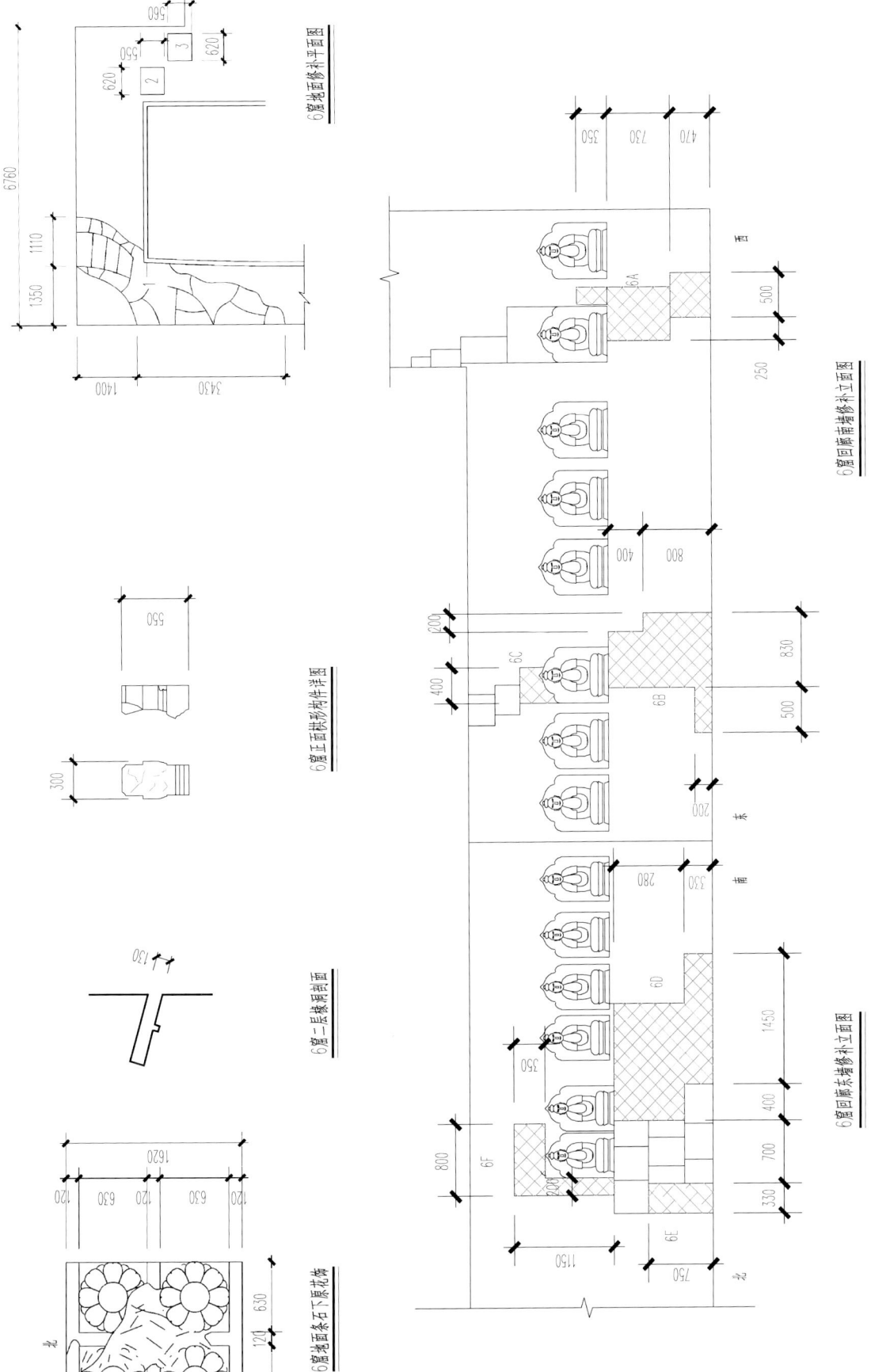

附图 13　6 窟构件详图、典型墙地修补图

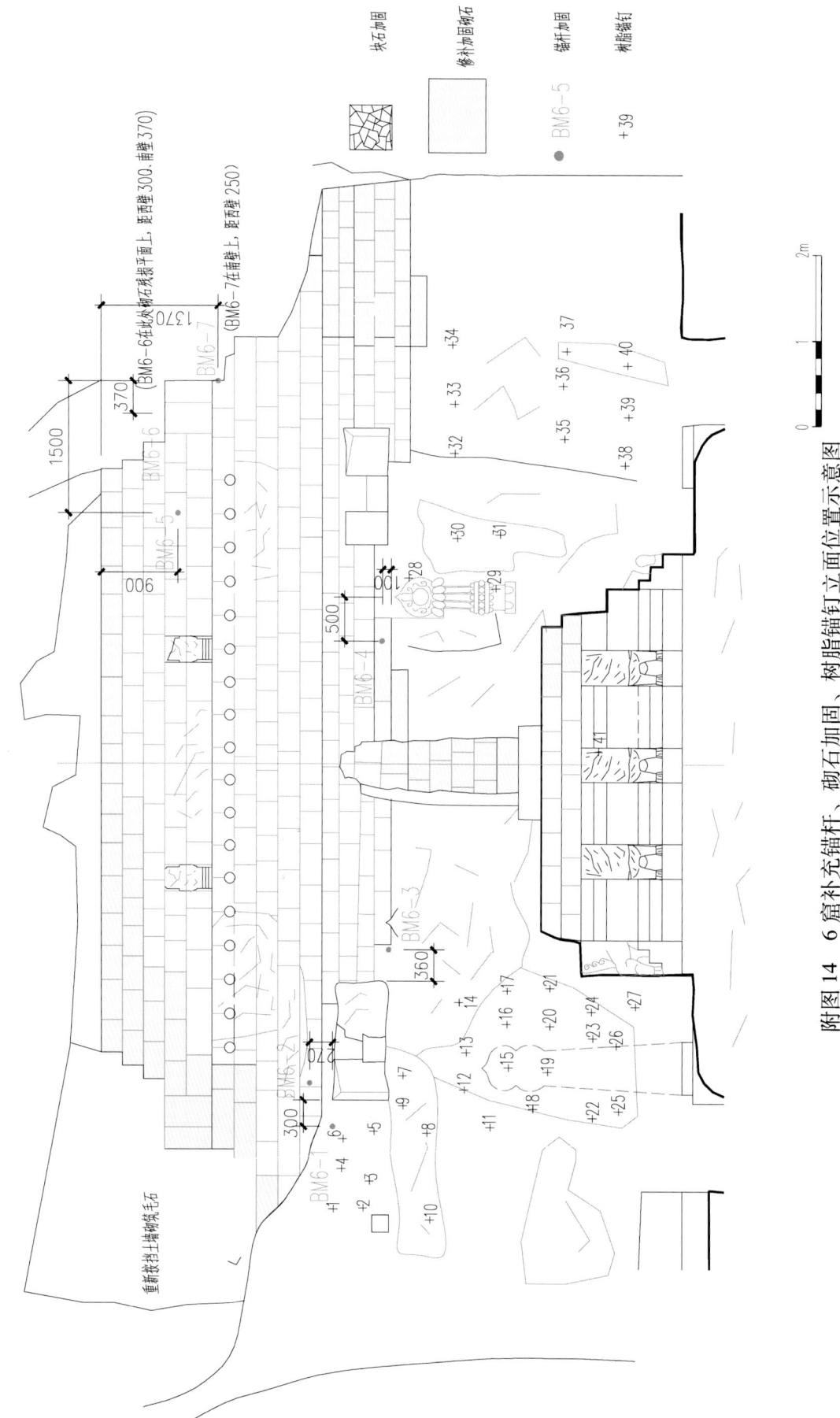

附图 14　6 窟补充锚杆、砌石加固、树脂锚钉立面位置示意图

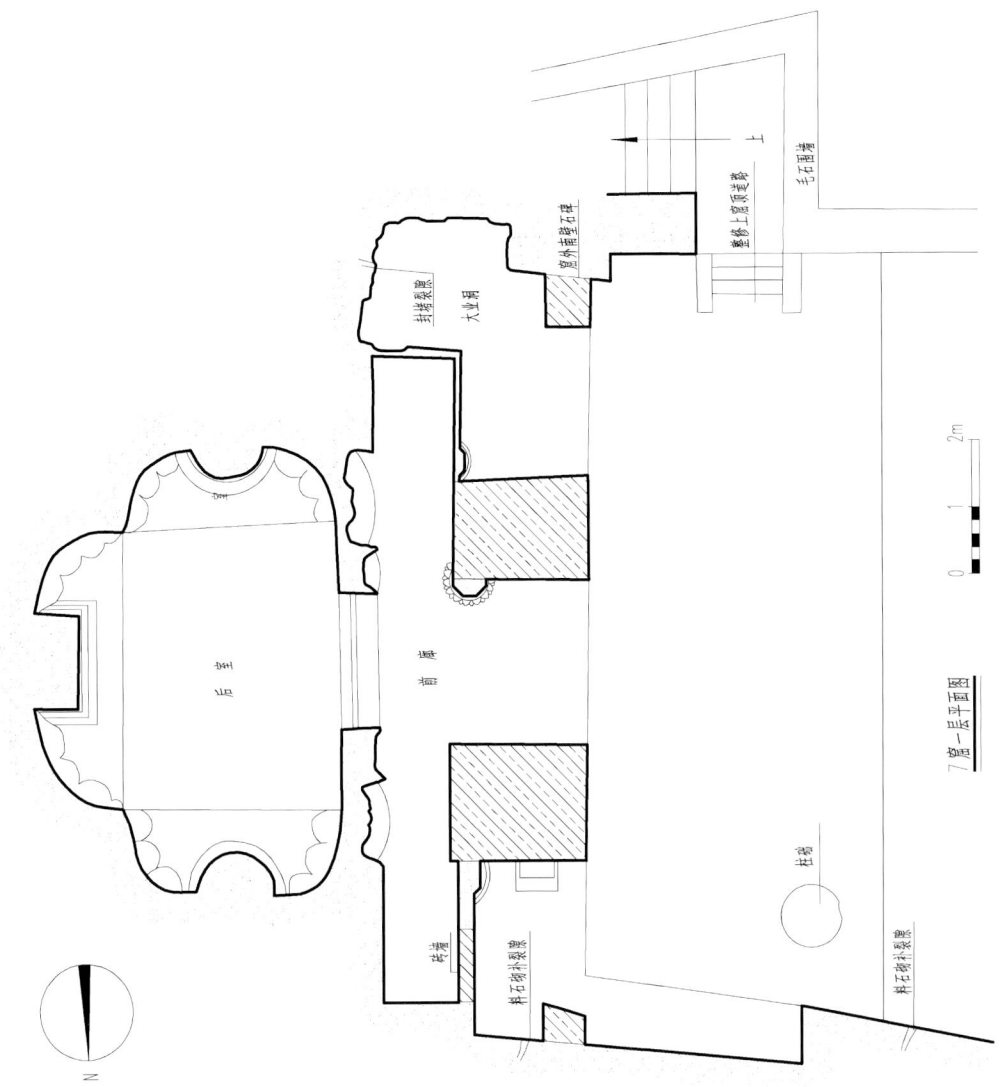

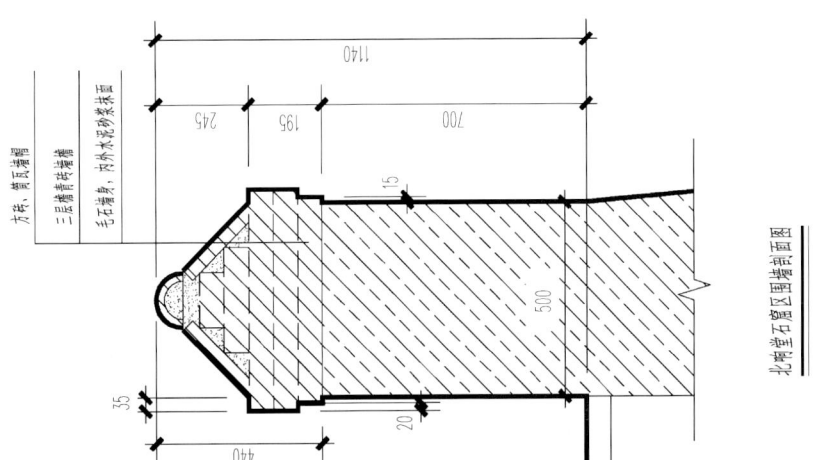

附图 15　北响堂石窟区围墙剖面图及 7 窟一层平面图

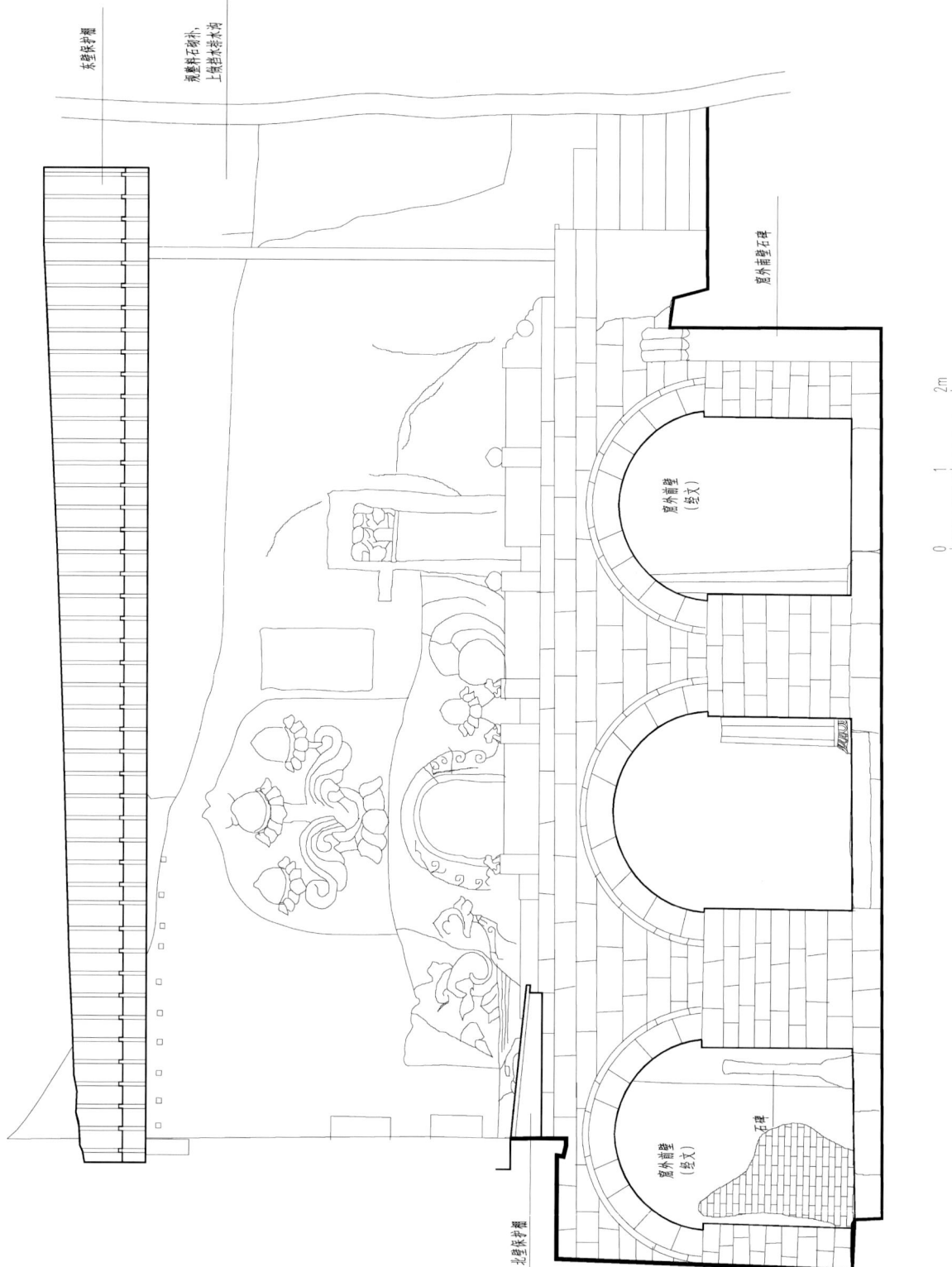

附图16 7窟正立面图

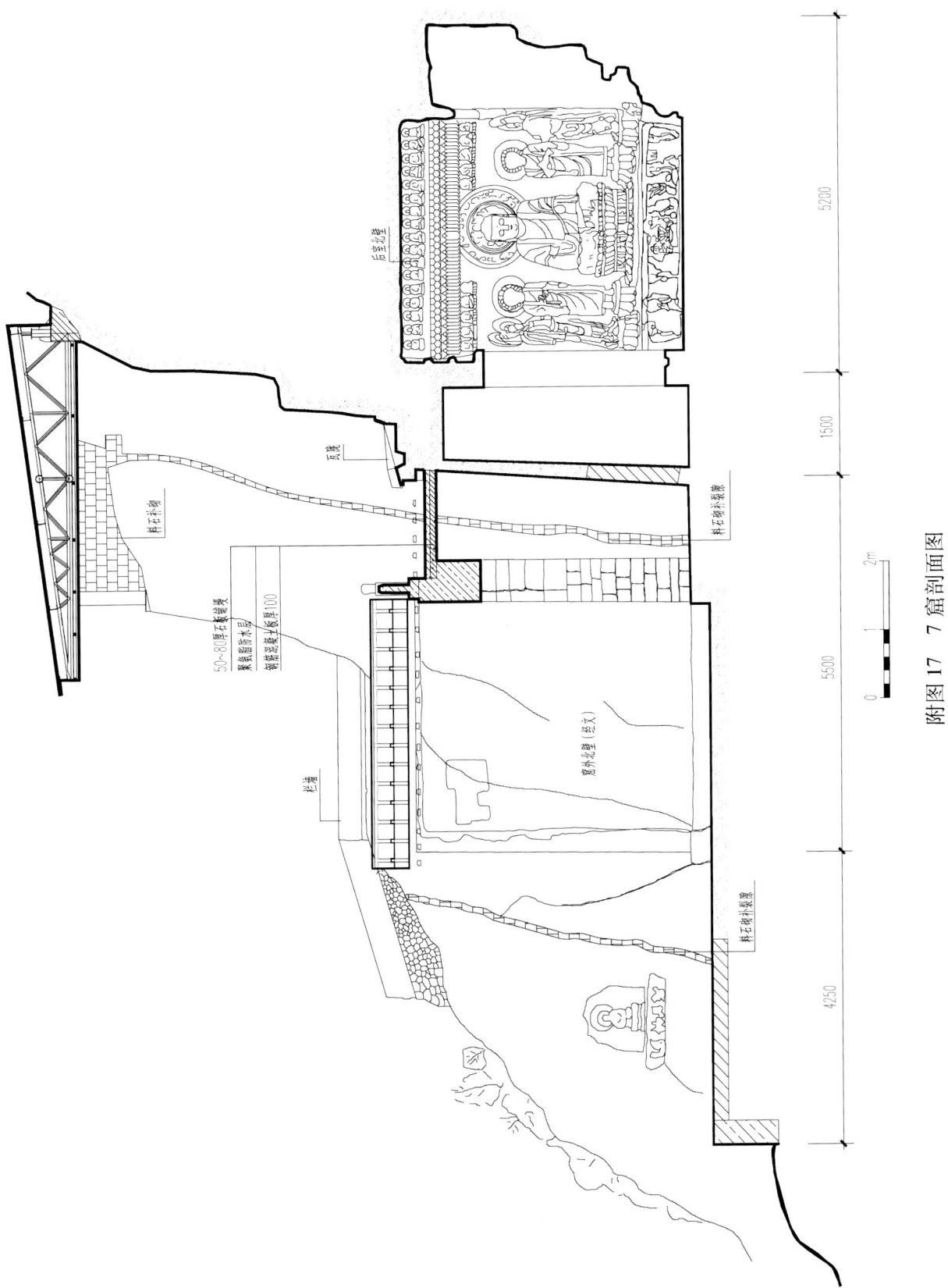

附图17 7窟剖面图

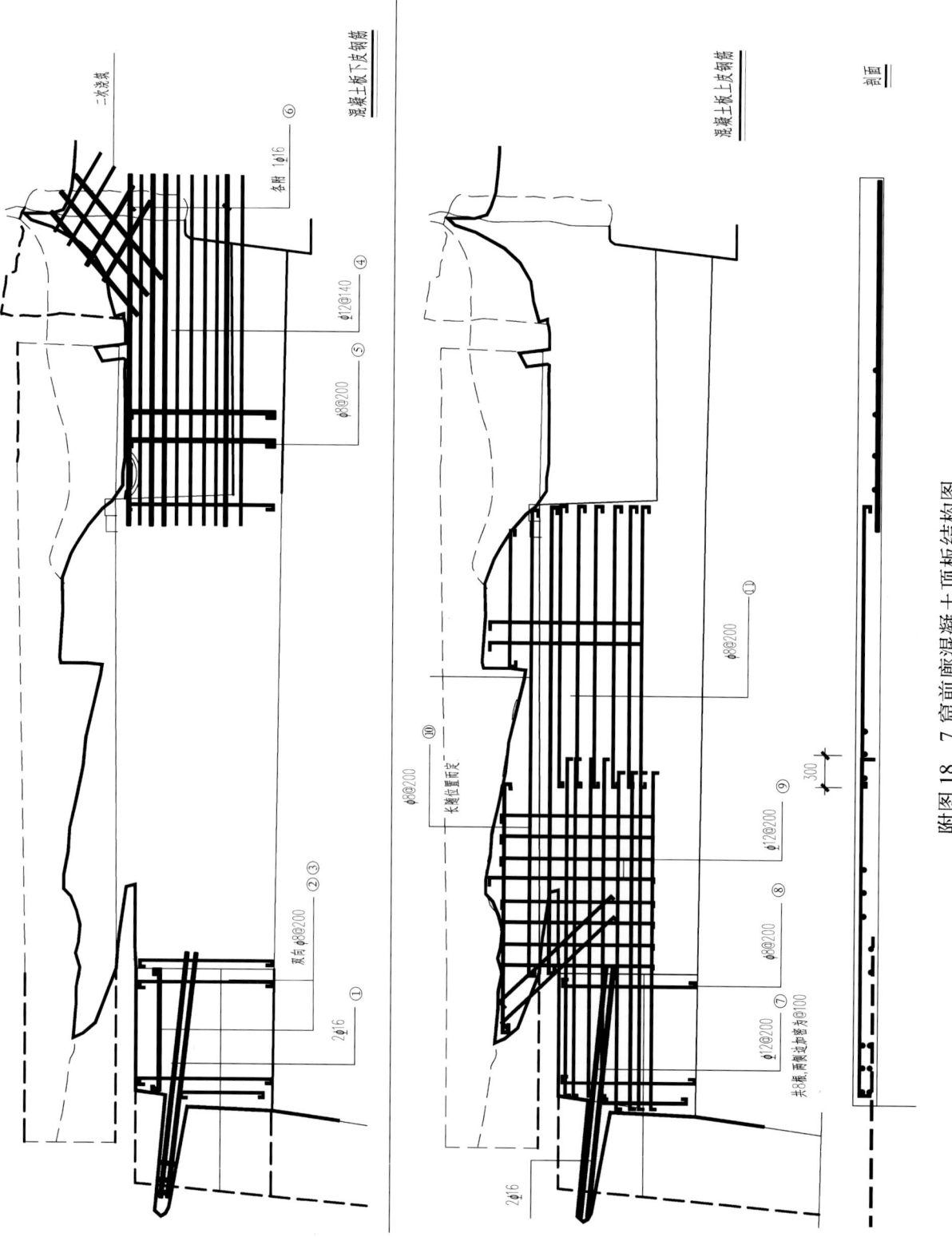

附图18 7窟前廊混凝土顶板结构图

后　　记

北响堂石窟加固保护工程施工历时三年，在国家文物局、河北省文物局领导、专家们的指导下，于2005年6月顺利完工。2006年9月，国家文物局组织北响堂石窟加固保护工程验收，验收组组长张之平先生及各位专家建议尽快编写出版保护工程报告。之后，在11月太原召开的全国文物保护工程汇报会上，河北省文物局副局长谢飞先生询问起北响堂石窟加固保护工程的情况，要求尽早完成工程报告。

早在工程之初，河北省古代建筑保护研究所领导就十分重视工程资料的整理，前所长张立方先生、前副所长刘智敏先生（两位所长也是国家文物局古建专家组成员）都要求按工程报告出版来考虑资料的收集、整理。他们在施工中多次到现场指导工作，结合工程实际情况和他们的经验，为资料收集、完善提出许多好的建议。郭瑞海先生担任所长之后，和书记李宏杰先生加紧了督办保护工程报告的编写工作，并多方为报告编辑出版创造条件。这份报告的出版与这些领导的关怀是分不开的。

有这么多领导的关心，按理说工程报告应当早一些完成，之所以滞后，一方面由于自己的懒散，另一方面，2007年初，河北省文物局安排我负责山海关古城墙保护工程的现场管理工作，该项目是国家文物局非常关注的重点文物保护工程，时间紧，任务重，一年多的精力几乎全部耗费在山海关。当然，自己的懒散应该是工程报告一再搁浅的主要原因。

2008年，本工程报告列为河北省古代建筑保护研究所的重点出版项目，使我不得不加紧报告的编写工作，之后的业余时间几乎都投入到报告的整理和编写工作，报告初稿终于于2008年12月脱稿。

本工程报告的出版，得到河北省文物局、河北省古代建筑保护研究所领导的支持和专家们的指导，谢飞、刘智敏先生在百忙中审阅稿件，提出很多中肯的意见，张立方、郭瑞海、李宏杰先生时常督促自己抓紧写作，倾注了很大心力，鞭策我尽快完成任务。谢飞先生在百忙中为本书作序，是对古建事业的极大鼓励和鞭策。对领导和专家们的帮助，在此一并表示衷心的感谢！

工程实施中，河北省文物局古建专家组成员刘东光先生，河北省古代建筑保护研究所研究室主任张长占、刘清波先生多次到现场检查指导工作，峰峰矿区文物保管所所长张林堂先生做了大量的协调配合工作，并在文献资料查询方面提供诸多方便，其对石窟保护、石窟艺术的见解使我受益匪浅。还有许多专家为工程的顺利进行提出过多方面的建议和意见，不再一一细举。科学出版社为本报告编辑出版付出了辛勤劳动。借本报告出版之际，一并表示衷心的感谢！

应该说明的是，本报告是河北省古代建筑保护研究所对北响堂石窟进行调查、保护研究工作近十年来的一个总结，是贯彻、执行、理解《中国文物古迹保护准则》的一段总结，是集体辛勤工作的成果。本工程的设计方案由前所长张立方先生总体负责，具体负责人朱新文先生完成了设计报告和全部图纸，报告中前两章即在设计方案基础上，重新调整序号改写而成；图纸均选自竣工图，竣工图是在设计图纸和调整补充设计图纸基础上，结合工程实际情况补充完善而成。本工程锚杆加固工程主要由董兆祥教授负责完成，7窟保护棚工程由河北省建筑科学研究院负责完成。另外，本报告可能还引用了一些专家、学者的研究成果，未及注明，敬请谅解。

工程报告是对保护工程实施过程的如实记述，如果说有研究的成分包含其中，也主要是侧重于在合理的保护理念指导下，对保护措施是否得当的探讨。在介绍石窟及评估其价值时引用了一些学者对石窟本体的研究成果，工程保护措施即是在综合分析这些研究成果，确定其价值所在，明确保护内容和保护重点的基础上确定下来的。

因本人能力所限，经验欠缺，疏漏、错误在所难免，敬请读者批评指正。

赵仓群

2009 年 5 月 26 日

图版 1　北响堂石窟加固保护工程实施前西面远景

图版 2　北响堂石窟加固保护工程实施后西面远景（照片来源：张林堂先生提供）

图版3　1、2窟加固保护工程实施前近景

图版4　1、2窟加固保护工程实施中近景

图版 6　2窟加固保护工程实施后近景

图版 5　1窟加固保护工程实施后近景

图版 7　3窟加固保护工程实施前近景

图版 8　3窟加固保护工程实施中近景

图版 9　3窟加固保护工程实施后近景

图版 10　4窟加固保护工程实施前近景

图版 11　4窟加固保护工程实施后近景

图版12 5窟加固保护工程实施前近景

图版13 5窟加固保护工程实施中近景

图版14 5窟加固保护工程实施后近景

图版 15　6窟加固保护工程实施前近景（主体立面）

图版 16　6窟加固保护工程实施中近景（1）（主体立面）

图版 17　6窟加固保护工程实施中（2）（6~7窟间）

图版 18 6窟加固保护工程实施后近景（主体立面）

图版 19　7窟加固保护工程实施前近景

图版20　7窟加固保护工程实施中近景（保护棚、挡水沟）

图版21　7窟加固保护工程实施中近景（锚杆加固）

图版22　7窟加固保护工程实施后近景（北壁）

图版 23　7窟加固保护工程实施后近景（东壁）

图版 24　环氧树脂腻缝、注浆实验

图版 25　3窟外立面环氧树脂粘接

图版 26　3窟外立面片状岩体加固前

图版 27　3窟外立面片状岩体注浆粘接加固后

图版 28　3窟外立面片状岩体注浆加固后再锚钉加固

图版 29　4窟外立面覆钵部裂隙环氧树脂注浆实施中

图版 30　6窟外立面覆钵部分破碎岩体粘接前（裂隙已清理）

图版 31　6窟外立面覆钵部分破碎岩体吊装粘接

图版 32　6窟外立面覆钵部分破碎岩体粘接中

图版 33　6窟外立面覆钵部分破碎岩体粘接后（北侧）

图版 34　6窟外立面覆钵部分破碎岩体粘接后（南侧）

图版35　6窟内北侧莲柱腻缝、注浆完成后

图版36　6窟内南第2莲柱座化学加固前

图版37　6窟内南第2莲柱座化学加固后

图版38　3窟立面顶部破碎岩体砌补前

图版39　3窟立面顶部破碎岩体砌补中

图版40　3窟立面顶部破碎岩体砌补完成后

图版41　3窟瓦陇砌补、粘接前（未清理）

图版42　3窟瓦陇杂草、裂隙土清理后

图版43　3窟瓦陇砌补、粘接后

图版 44　6窟立面塔刹砌补加固前

图版 45　6窟立面塔刹砌补加固后

图版 46　6窟立面北端砌补加固前

图版 47　6窟立面北端砌补加固后

图版 48　6窟立面南端砌补加固前

图版49　6窟立面南端砌补加固后

图版50　6窟立面顶部砌补加固前

图版51　6窟立面顶部砌补加固后

图版 52　6窟立面砌补加固完成后（覆钵以上部分）

图版 53　6窟立面砌补加固后南视（由北向南）

图版 54　6窟立面砌补加固后北视（由南向北）

图版 55　7窟东南角砌补加固前

图版 56　7窟东南角砌补加固后

图版 57　7窟东南角砌补加固俯视

图版 58　3窟回廊西北角地面修补前存水情况

图版 59　3窟回廊西北角地面修补中

图版 60　3窟回廊西北角地面修补后

图版 61　3窟南回廊地面修补后

图版 62　6窟回廊地面裂隙导水试验

图版 63　6窟回廊地面裂隙修补后

图版64　3窟前回廊顶导水槽放线（裂隙已封堵）

图版65　3窟前回廊顶环氧树脂导水线

图版66　3窟前回廊顶导水槽安装后

图版 67　5窟顶裂隙清理后渗水试验

图版 68　5窟顶裂隙清理后水泥砂浆封堵并黄土作旧

图版 69　5窟顶原排水槽清理使用

图版 71　6窟原排水系统清理使用（1）

图版 73　6窟原排水系统清理使用（3）

图版 70　3窟顶原排水系统清理使用

图版 72　6窟原排水系统清理使用（2）

图版 74　7窟新砌排水沟（1）

图版 75　7窟新砌排水沟（2）

图版 76　3窟佛台修补前

图版 77　3窟佛台修补后

图版 78　4 窟佛龛修补前

图版 79　4 窟佛龛修补后

图版 80　6 窟后回廊东壁修补前

图版 81　6窟后回廊东壁修补中

图版 82　6窟后回廊东壁修补后

图版83　6窟后回廊南壁修补前

图版84　6窟后回廊南壁修补后

图版85　3~4窟间大裂隙修补前

图版86　3~4窟间大裂隙修补后

图版87　7窟北壁大裂隙修补前

图版88　7窟北壁大裂隙修补后

图版89　锚杆试验现场

图版90　1~2窟锚杆加固现场

图版91　3窟锚杆加固现场

图版92 4~6窟锚杆加固现场

图版93 6窟立面锚杆加固现场

图版 95　7窟间锚杆加固现场

图版 97　锚杆成孔前铁皮导水槽

图版 94　6~7窟间锚杆加固现场

图版 96　I型锚杆放线后人工扩200 mm × 200 mm方孔

图版 98　Ⅰ型锚杆封孔前

图版 99　Ⅱ型锚杆封孔前

图版 100　Ⅰ型锚杆封孔作旧后（1）

图版 101　Ⅰ型锚杆封孔作旧后（2）

图版 102　Ⅱ型锚杆封孔作旧后

图版 103　6~7窟间危岩锚杆加固前

图版 104　6~7窟间危岩锚杆加固后

图版 105　3窟危岩清除时石碑防护（1）

图版 106　3窟危岩清除时石碑防护（2）

图版 107　6 窟危岩清除时石窟大门入口防护

图版 108　6 窟危岩清除时 6 窟窟顶山坡架板板墙防护

图版 109　4～6 窟危岩清除时山坡安全网防护

图版 110　4~6窟危岩清除辅助脚手架

图版 111　危岩清除时运输倾倒岩块三角支架

图版 112　大块危岩清除后

图版 113　岩块清除前先铁丝捆绑

图版 114　被铁丝捆绑岩块清除后

图版 115　部分岩块砌筑情况

图版 116　4窟上典型岩块清除后

图版 117　6~7窟间典型岩块清除前

图版 118　6~7窟间典型岩块清除后

图版 119　4~6窟间部分岩块清除运至地面情况

图版 120　4~6窟间部分岩块清除后

图版 121　原围墙上部拆除中（1）

图版 122　原围墙上部拆除中（2）

图版 123　围墙墙帽砌筑中

图版 124　院落地面重新铺墁

图版 125　6窟平台地面重新铺墁前

图版 126　6窟平台地面重新铺墁后

图版 127　7窟平台地面重新铺墁前

图版 128　7窟平台地面重新铺墁后

图版 129　7窟前廊顶原状（1）——木梁支顶

图版 130　7窟前廊顶原状（2）——石梁支顶

图版 131　7窟前廊顶原状（3）——破碎危岩

图版 132　7窟前廊顶拆除前支顶刻经草垫防护

图版 133　7窟前廊顶拆除中

图版 134　7窟前廊顶拆除中
（木梁叠压刻经岩壁）

图版 135　7窟前廊顶拆除中
（石梁叠压刻经岩壁）

图版 136　7窟前廊顶混凝土顶钢筋绑扎

图版 137　7窟前廊顶混凝土顶浇筑

图版 138　7窟前廊顶混凝土顶浇筑后养护

图版 139　7窟前廊顶片状石板铺墁

图版 140　7窟前廊顶石板滴水檐

图版 141　7窟前廊顶底面

图版 142　7窟前廊顶片状石板铺墁后

图版 143　7窟前廊顶底面及裂隙封堵后

图版 144　7窟南侧裂隙封堵、地面石板补墁、导水

图版 146　7窟北壁屋架支座植筋

图版 148　7窟北壁屋架完成后正视

图版 145　7窟北壁屋架支座成孔

图版 147　7窟北壁屋架制作、安装

图版 149　7窟西南角钢管柱地锚植筋

图版 150　7窟西南角钢管柱连接加固

图版 151　7窟西南角钢管柱连接加固后

图版 152　7窟东壁部分彩钢板上做混凝土与岩体连接

图版 153　7窟东壁保护棚内部钢构

图版 154　7窟东壁保护棚喷漆

图版155　7窟东壁保护棚完成后立面

图版156　7窟东壁保护棚完成后西北侧立面

图版 157　3窟前廊顶较完整小佛像

图版158　3窟中心柱顶（南回廊北壁）"瘗穴"

图版159　3窟外立面大塔塔刹

图版160　3窟外立面大塔塔刹局部

图版161　3窟外立面瓦陇

图版 162　6窟立面狮形刹座、塔刹、莲柱、橡洞

图版 164　6窟立面莲柱大样

图版 163　6窟立面狮形刹座

图版 165　6窟立面栱形构件

图版 166　6窟前廊地面莲花（后回填保护）

图版167 7窟廊顶屋顶（瓦陇、椽、脊）

图版 168　7窟屋顶较完整勾头

图版 169　7窟屋顶较完整滴水

图版 170　2002年8月27日国家文物局文物处处长许言、国家文物局信息咨询中心总工王立平检查指导工程

图版 171　2002年10月22日河北省文物局组织进行维修工程年度检查

图版172　2003年9月10日国家文物局古建专家组成员吕舟、兰立志到现场检查指导工作

图版173　2003年9月10日国家文物局古建专家组成员吕舟、兰立志检查指导工作合影

图版 174　2004年6月23日河北省文物局副局长谢飞检查指导工作

图版 175　2004年8月9日国家文物局专家组成员兰立志受河北省古建所邀请到现场指导6窟加固保护工程

图版 176　2005年4月15日河北省古建所所长张立方、刘智敏，峰峰矿区文保所所长张林堂检查指导7窟加固保护工程

图版 177　2006年9月3日国家文物局验收专家组合影

图版 178　国家文物局验收组专家在验收现场

图版 179　验收工作会议会场之一

图版 180　验收工作会议会场之二

图版 181　北响堂石窟全景（资料来源：《响堂山石窟——流失海外石刻造像研究》第129页，据其说明原照片采自常盘大定、关野贞《支那文化史迹》，当拍摄于1925年）

图版 182　北响堂石窟3窟（北洞）外景（资料来源：《响堂山石窟——流失海外石刻造像研究》第130页，为峰峰矿区文管所征集，拍摄年代不详）

图版 183　北响堂石窟6窟（中洞）外景（资料来源：《响堂山石窟——流失海外石刻造像研究》第140页，为峰峰矿区文管所征集，拍摄年代不详）